# これだけは知っておきたい公務員の議会対応

藤川潤［著］
Fujikawa Jun



学陽書房

# はじめに

「議会がなければ、楽なんだけどな」

これは、ある先輩管理職の言葉です。共感する方は多いのではないでしょうか。

しかし、自治体の管理職にとって、議会対応は必須であり、避けて通ることはできません。議会対応をうまくこなせなければ、管理職の役割を果たしているとはいえない。そう言っても過言ではないでしょう。

また、管理職ではない方も、議会と無関係ではいられません。係長・主任も、議会の基本的なしくみや流れを理解していなければ、仕事をうまく回すことはできません。さらにいえば、議会対応は、管理職になればすぐにできるものではありません。できれば管理職になる前から、積極的に関心を持ち、議会対応に携わっておいた方がよいでしょう。

一口に議会といっても、自治体の議会ごとに慣習は異なり、議員も様々な個性を持っています。また、議会対応は、研修等があまり行われておらず、それぞれが自らの経験を重ねて体得するものという実態から、次のような不安や悩みを抱える方がたくさんいます。

「課長に昇任したけれど、うまく議会対応できるか心配だ」

「議員との付き合い方、距離の取り方がわからない」

「管理職になって数年経つけれど、いまだに議会答弁は苦手だ」

その気持ちはよくわかります。私自身、初めて議会に臨んだときは、「どんな質問が来るのだろう」と不安でした。初答弁はとても緊張して、焦ったことをよく覚えています。

ですが、大丈夫。安心してください。議会対応は、基本的なノウハウさえ押さえれば、決して怖くはありません。そこで本書では、私自身が経験したエピソードや、議会に関するしくみを交えながら、このノウハウをわかりやすくお伝えします。

第1章は、議員とどんな距離感で、どうコミュニケーションを図ればよいかです。

第2章は、議員との信頼関係を構築し、議員を味方につける術をお伝えします。

第3章は、議員の質問に備えるために、事前にどんな準備をすべきかを解説します。

第4章は、発言の仕方、質問の捉え方をはじめ、答弁のノウハウを紹介します。

第5章は、首長答弁のつくり方です。全庁的視点での答弁について、お伝えします。

第6章では、改めて地方自治法を中心に議会の基本的なしくみについて解説します。

自治体職員が目指すべき公正な行政運営は、議会と首長が相互に「抑制と調和」を保つことで実現されるものであり、この観点から議会に対応していくことが求められます。

本書が議会対応を行う皆さんにとって、少しでもお役に立つことを願っています。

著　者

## 第1章　議員との付き合い方

## 第2章 議員との信頼関係の構築 37



## 第3章 議会に向けた事前準備 59

## 第4章 管理職の議会答弁のノウハウ

# 第1章

# 議員との付き合い方

# 1

# 議員のプライドに配慮しよう

## ◎議員にはプライドがある

今時、見るからに偉そうにしている議員はほとんど見かけません。私が今まで接した議員の大半は良識的な人でした。そうはいっても、公選で選ばれた議員。心の中では、自分は有権者が選挙によって選んでくれた、特別な存在であることを意識しているはずです。

つまり、議員は、厳しい選挙を戦い抜き、選挙民からの負託を得て議員に当選したのだという、プライド（自負心）を持っています。公務員は、この議員のプライドに配慮する必要があります。このプライドを軽視し、議員に対して不遜な態度をとると、議員の大きな怒りを買うこともあります。例えば、議員が問題視していることに対して、「それは大きな問題ではありません」というような発言をしたとします。すると、「そういう考え方が間違っているのだ。これは住民生活にかかわる重大な事柄だ」というような反論を受けることになりかねません。

そこには、議員としてのプライドがあるのです。

議員の言うことが、あまり合理性のないものであったとしても、私たち公務員にはそれを受け止め、そして、事の本質や実態をわかりやすく説明することが求められます。勉強熱心な議員もいれば、そうでない議員もいます。いろいろな住民がいるように、議員にもいろいろな人がいます。

ただ、どの議員であってもその根幹には、「私は住民からの負託を受けているのだ」というプライドがあることを常に意識しましょう。

## ◎議員にはいつも敬意を持って接する

私たちが公務員として仕事を行おうとした場合、予算を編成して議会の議決を受けなければなりません。議員の賛成多数を得て、議会で条例や予算を議決してもらわなければ、どんなに重要な事柄も実施できないのです。そのためには、議員に条例や予算の趣旨を理解してもらい、少なくとも半数以上の議員の賛同を得る必要があります。

したがって、議場での議員の質問がときに間違っていたり、的外れだったりしたとしても、こちら側が行う答弁の中で間違いの部分を丁寧に修正したり、あるべき方向に導いたり、答弁を工夫します。

そして、このような対応は議場だけの話ではありません。日常の執務の中でも議員と接する場合には、敬意を表し丁寧に対応することで、信頼関係を築いていかなければならないのです。

ときには議員と長時間に渡り行動を共にする機会もあります。議会の常任委員会では、年に何回か公共施設や他都市の視察を行っています。視察内容に応じて担当所管課の課長が随行しますが、他都市の視察の際には宿泊や懇親会を伴うこともしばしばあります。

懇親会などの際には、議員と胸襟を開いた付き合いをすることも必要かもしれませんが、常に公務員としての節度を保ち、たとえ宴席であったとしても、議員に対して非礼にならないよう、そのプライドを尊重し敬意を持って接することが大切です。

POINT

**議員には、どんな場面でも敬意を持ち、丁寧に対応する。**

# 2 議員の顔をつぶさない

## ◎議員からの相談

管理職のところには、時折、議員から電話が入ります。

電話の多くは情報収集や相談が目的ですが、相談の場合は、ほとんどが議員が住民から相談を受けた案件です。つまり、議員の後ろにはいつも住民がいることを意識する必要があります。

議員は、住民からの意見・要望・相談等を行政に伝え、行政を動かすことも自分の役割の一つだと考えています。議員は自治体の議決機関である議会の構成員ですから、本来は住民全体を代表した意見・要望を、議会活動を通じて主張していくべき存在です。しかし、特に基礎自治体における議員は、特定の住民や団体からの行政への意見・要望を役所に持ち込むこともよくあります。

こうした議員からの意見・要望は、住民からのそれと同じように誠実に対応することが大切です。ただ、議員からの要望等は、いわば議員を介して住民対応をするものであり、議員が絡むために多少面倒になります。なぜなら、議員の顔をつぶさないように努める必要があるからです。

できれば議員から、相談を受けている住民を紹介してもらい、住民に直接対応した方がわかりやすいと思います。いずれにしても、仲介している議員の顔をつぶさないよう配慮が必要です。

## ◎要望には即答せず、状況を確認した上で回答する

議員からの要望等で、その内容の実態を確認する必要があるものについては、電話での即答は避けるように心がけましょう。

議員は、できれば行政から「イエス」という返答をもらい、要望等を受けている住民に、いち早く回答をしたいと思っています。しかし、事はそう簡単ではありません。なぜなら、簡単でないからこそ、住民は議員を通じて行政にプレッシャーをかけているのです。

例えば、道路の補修等に関して、当該住民が役所の担当にすでに要望を伝えたにもかかわらず、それがなかなか実現せず、議員を通じて要望してくる場合などがあります。

これに回答するためには、その道路が市で管理している道路（市道）なのか、今年度予算で補修予定なのかなどを確認しなければなりません。これらを確認した上で、役所の管理下の道路なのか、補修できるとすればいつ頃を予定しているのかなど、議員に対して迅速かつ正確に回答することが求められます。できるだけ迅速・正確な回答を行うことが、結果として「議員の顔をつぶさない」ことにつながります。

このような回答を行うためには、担当現場の職員に状況をよく確認すること、また予算や関係法令をしっかりと確認することが必要です。その結果、予算計上や条例・規則の改正が必要なケースも出てきます。

合理的な理由がなければ、予算計上も条例・規則の改正もできません。当該案件に関する実態と法令を、迅速かつ正確に把握し、議員に対して正確かつ確実な回答をするよう努力しましょう。

POINT

**実態・関係法令を把握した上で、迅速かつ正確な回答を。**

# 3

# 自治体の見解・自分の考えを明確にしておこう

## ◎懸案事項は自分の考えを整理しておく

議員が質問してくる事項は、概ね懸案事項です。

はっきり決まっていることを聞かれる場合もありますが、それはあくまで前置きで、その先には懸案事項が控えています。自治体組織としての懸案事項ですから「わかりません」と答えることになりますが、「あなた個人としてはどう考えているのか？」と聞かれることもあります。このような形での質問は野党系の議員がしてくることが多いようです。

その際に、どう答えるかはその時々の状況によります。

「わからないことはわからない」とあくまで突っぱねる場合もありますが、状況によっては「個人的見解」と前置きした上で、自分の考えを述べることが必要な場合も出てきます。

そのような場合に備えて、懸案事項については、自分の考え方を整理しておくことが大切です。逆にいえば、自分の考え方が整理されていない事項については、正直に「わからない」と回答しておく方が無難です。

自治体としての考え方は、トップを会長とする会議（庁議、政策経営会議）で決める必要があります。しかし、そこまで機が熟していない案件も多々あります。その場合には、担当職員に現在の状況を聴き、常日頃から自分の考え方を整理しておくことが大切です。できれば、適宜、上司に状況報告し、その見解をふまえて自分の考え方もできるだけ上司と同じ方向で整理しておくことが肝要です。

## ◎議員には自治体（組織）としての見解を説明する

懸案事項について議員から個人的見解を求められた場合でも、基本的には組織としての見解を答えた方がよいでしょう。

例えば、「がん検診の無料化について」が懸案事項だったとします。

他の自治体では無料化しているところもあるし、自己負担金をとっているところもあります。本市では、現在は一部自己負担制度で運用しているものの、受診率が伸びていないので、無料化すべきかが、このところの懸案事項となっているとします。

この件に関しての個人的見解を求められたら、どう答えればよいでしょうか。

一部自己負担金額、受診率低迷の理由など基礎的データを押さえ、現行制度に大きな問題がなければ現行制度維持（一部自己負担制）の方向で答えておくのが無難です。

議員の質問に答えるにあたって、本来的には個人的見解というのはあり得ません。

個人的見解を求められた場合でも、議員に対し、自治体の管理職として答える以上、客観的データに基づく合理的な見解でなければなりませんし、組織としての方針転換がない以上、現行制度に反するような見解は避けるのが妥当と考えられます。

POINT

**基本は組織としての見解。**
**自分の考えを述べるときも合理的な見解を。**

# 4 一人で悩まず、組織で対応しよう

## ◎議員から困難な課題を持ち込まれたら

最近は、議員が管理職に困難な課題を持ち込んでくることは、比較的少なくなったように感じます。議員の政治倫理条例を定める地方議会も増え、議員による公務員への依頼等に対して、一定の歯止めがかかるようになったからではないでしょうか。

とはいえ、ときには難しい依頼等もあります。

例えば、「地元の特定団体に対して優先的に公共施設の利用をさせてほしい」「補助金を交付してほしい」など、他団体との差別化が難しい事例です。

担当管理職に多少裁量の余地がある場合もありますが、個人的な対応は避けましょう。上司や担当職員と相談し、議員の依頼等の内容が法令の規定等に照らして、裁量の範囲のものかを検討します。裁量の範囲外ならば、組織としてははっきりと断るべきです。

## ◎個人で抱え込まず、組織で対応する

「議員から名指しで頼まれたことだから」と一人だけで悩んでいても決していいことはありません。三人寄れば文殊の知恵。上司、関係管理職、担当職員と検討すると、何らかの打開策が生まれてくるものです。

例えば、「地域猫」の問題は、特に都市部では大きな課題となっています。飼い主が飼うことができなくなった猫は、どうしたらよいのでしょうか。

A議員は、住民のBさんから「引っ越し先のマンションではペットを飼うことを禁止しているので、飼い猫を連れて行けない。何とか飼い主を探してもらえないか」と相談を受けました。そこで、市の地域猫を担当している部署のC課長に、猫の里親を探してほしいと依頼の電話をしたところ、動物の保護等に関しては県が行っているとのことでした。

しかし、A議員は「Bさんは、県の動物愛護センターに引き取ってもらうと処分されてしまうから、いやだと言っている。隣の市のように猫の里親斡旋制度を作り、早急に何とか市の方で新たな飼い主を見つけてもらえないか」と言います。そうは言っても簡単に新たな制度を立ち上げるわけにもいきません。

そこで、C課長が現場に詳しい係長に相談すると、係長が地域猫の支援グループに連絡

してくれたので、何とか引き取り手が見つかりました。しかし、このことをＡ議員に連絡すると、「ありがとう。しかし、この際、里親制度を立ち上げられないのか」と譲りません。Ｃ課長は部長に同行してもらってＡ議員と会い、新制度を立ち上げるには多くの検討が必要であることを説明しました。すると、Ａ議員も、Ｂさんに対しては顔が立ったので、それ以上の無理は言いませんでした。

このように、議員から困難な課題を持ち込まれた場合は、上司・部下も巻き込んで組織的に対応し、できるかぎりの努力を行いましょう。持ち込まれた課題に対して、議員と行政がどこまで歩み寄り、妥協できるか、行政として実現に向けてどのような知恵を働かせることができるかが重要なのです。

POINT

**議員からの困難事案は、上司・部下を巻き込んで対応する。**

5

# 議員の冗談に油断しないようにしよう

## ◎議員の冗談に乗らないようにする

議員の冗談にうっかり乗ってしまい、痛い目を見ることがあります。うがった見方をすれば、野党系議員は常に行政を追及するネタを探しています。議員の冗談につられて喋ったことを、議会質問の思わぬネタに使われることがあります。

例えば、常任委員会の議員視察に同行したときなどは、何かと気が緩みがちです。そんな雰囲気の中、議員と多少打ち解けることは決して悪いことではありません。

しかし、こんなこともあり得ます。

××議員からの「○○課長、先週のA団体との共催イベントは参加者が少なくて、行政スタッフの方が多いくらいだったよね、アハハハ」という冗談めかした問いかけに、「そうなんです。A団体の代表者のBさんが非協力的で困りました」と、○○課長が本音で真面目に答えたとします。○○課長としては、B代表との事前調整の必要性を痛感し、すでに今後の根回しについて考えを巡らせていたところでした。

後日、このときのやりとりをネタに議会質問をされることになってしまいました。

その議員は、「A団体との共催イベントの参加者が少なかったのは、A団体との連携が十分でなかったからだと、担当課長から聞いている。事前にその団体のB代表の協力をしっかりと取り付けることをしなかったのは、行政側の落ち度である。今後、イベントを継続するのであれば、B代表への根回しを十分に行い、参加者を増やす努力をしてほしい」と議会質問で要望してきたのでした。

## ◎余分な情報まで提供する必要はない

○○課長としてはすでにB代表への根回しを考えていましたから、この質問には「ご指摘をふまえ、今後はB代表と十分に調整を行っていきます」と答えました。

しかし、これでは野党系議員の冗談に乗って、相手に突っ込むネタを与えてしまったようなものです。議員への情報提供は必要ですが、余計な情報まで提供する必要はありません。

ときには、議員と腹を割って本音で話すことが必要な場合もありますが、せっかく提供した情報を行政側の落ち度を指摘するためだけに利用されてはたまりません。こうなっては、行政側も「あの議員には情報を提供できない」と考えてしまい、結果的には議員も自分の信用をなくしてしまうことにつながります。

視察随行、事業やイベント、地域祭りなどで議員と会話をする場合は、どうしてもラフな感じになりがちです。しかし、公式な場でも非公式な場でも、議員に対しては一定の節度を持って、相手のペースに振り回されずに冷静に対応することが大切です。

POINT

**議員の冗談に油断して、うっかり口を滑らせないようにする。**

# 6 議員から現場の情報を集めよう

## ◎議員は住民の声を聴いている

自治体で働く公務員は、「現場」を持っていることが最大の強みです。現場で住民の声を直接聴くこともできます。ただし、集められる情報は限られています。また、管理職になると、どうしても多少現場と距離が生じます。そこで、議員から得られる現場の情報は大切にしなければなりません。

例えば、地域で急速に高齢化が進む中、在宅療養や介護の必要性が高まっています。住民は在宅療養や介護を行うにあたって、さまざまな悩みを抱えています。議員はこのような悩みの相談を受けることが多いのです。

議員が受ける相談内容の多くは医療関係ですが、住民が知りたいのは、「困ったときに、どこに連絡すればよいのか」ということです。行政は議員を通じてこうした現場（住民）の声を知ることによって、地域の訪問看護ステーションなど在宅療養関係機関の連絡先を記載したハンドブックの必要性が理解できます。

そこで、「在宅療養支援ハンドブック」として、在宅療養を行っていくのに必要な情報をコンパクトにまとめた小冊子を作成するということになります。実際に作成し、町会の会合等で配布したところ、大変喜ばれました。

議員は住民の声を直接聴く機会が多いため、現場情報を多く持っています。議員から得た現場情報をもとに行政施策や事業を立案すると、住民の福祉向上に効果的な施策や事業が実施できる場合も少なくありません。

## ◎議員から現場の情報を集める

管理職は通常、議員からいろいろなことを尋ねられますが、反対にこちらから議員に対して情報収集を試みることも大切です。

わざわざ議員のところに出かけて情報収集を行うということは特に必要がなければしませんが、議員からの質問に答える際に、逆に情報収集もしてしまいましょう。また、さまざまな会合やイベントなどで議員と顔を合わせた際に、話をして情報収集を心がけることも大事です。

議員は行政に質問や要求ばかりして、行政側はそれに対して、ただひたすら答えるという従来の構図を少し変化させてみてはどうでしょうか。

住民福祉を向上させるために議員と行政は連携・協働しなければなりません。議員は時々、「私たちを使ってくれ」というようなことを言います。しかし、「議員」をどのような場面で、どのように使うかはとても難しいことです。むしろ、議員の持っている現場の「情報」を使わせてもらった方が、ずっと生産的でリスクが少ないといえます。

POINT

**情報提供するだけでなく、議員から得た情報を活かす。**

7

# 係長を議員対応に同行させよう

## ◎管理職以外も議会と無関係ではない

議員対応は、通常、管理職の仕事とされています。特に決まりがあるわけではありませんが、慣習的にそうされています。おそらく、行政側の見解をできるかぎり統一するためと考えられます。

ただし、管理職が不在のときには、当然、係長その他の一般職員も議員対応を行います。

その際に、事業内容の説明は担当職員であればできますが、行政側の見解を求められた場合には、責任をとるべき当該事業担当の管理職が行うことが必要と考えられます。したがって、議員が聞いてくる内容によっては、管理職でなければ対応できないケースも生じます。

また、職員が議員対応をした場合には、対応内容を必ず管理職（課長）に報告させることをルール化しておくことが大切です。

このあたりの報告・連絡・相談は、係長がしっかりとマネジメントする必要があります。係長が「議員対応は管理職の仕事だから、自分には関係ない」という意識だとうまくいきません。

## ◎議員対応に係長を同行させる

係長には、議員や議会の対応を十分意識してもらい、実際に担ってもらう必要があります。議員対応は議会質問のネタになることも多いですし、また、内容が住民からの要望等であった場合は現場の状況を最も知っている係長の見解を聴くことがとても役に立ちます。

このようなことを鑑みると、係長を議員対応に同行させることが、係長の役割の自覚や意識向上にとても役立ちます。

議員からは時折、議員控室等に呼び出されることがありますし、逆に、こちらから議案等を説明に行く場合もあります。いずれの場合も、通常は管理職が一人で行くことが多いのですが、差し支えなければ庶務係長や担当係長を同行させ、議員や議会の対応について意識を高めてもらうことが肝要です。

そうすることで、係長も議会や議員が取り上げようとしている事項を知ることができ、自然と当該事項についてのアンテナが張られ、情報収集をスムーズに行うようになると考えられます。

また、係長が議員対応に同席することで、議員の顔を覚え、人となりを知るきっかけにもなり、その後の議会対応の一助になることが期待できます。

POINT

**係長にも議員対応を経験させ、意識を高める。**

# 8 議員からの相談・要望には、慎重に対応しよう

## ◎議員から施設利用登録について相談があった

毎年、市の文化ホールで行われている新年賀詞交換会での出来事です。

その席でX議員から、「A課長、明けましておめでとう。今年もよろしく。ところで、課長の所管する、いきいき活動館はスポーツ団体に優先利用権があるとのことだが、合唱団体の知り合いが、合唱も腹筋等を使うスポーツだからスポーツ団体として扱ってほしい、というのだ。そのことについて確認してくれないか」と、A課長が相談を受けました。

A課長は職場に戻ると、いきいき活動館を担当しているB係長に、X議員からの相談内容を話しました。いきいき活動館は、指定管理により管理運用している施設のため、B係

長はその場で指定管理者に電話をして状況を確認しました。

すると、指定管理者である施設館長が、「合唱団から時折スポーツ団体と同様に登録させてほしいとの要望を受けていますが、スポーツ団体ではないという理由で受け付けていません。でも、館の裁量で合唱団をスポーツ団体と同じように登録することはできると思います」と言います。B係長は館長へ「それでは館の運用上、合唱団をスポーツ団体として登録してほしい」と伝えると、館長からは「わかりました」との返事。B係長は、以上のことをA課長に伝えました。

A課長は早速X議員に電話し、このことを伝えたところ、X議員から「そのことを合唱団の代表のYさんに伝えてよいか」と聞かれたので、多少気にかかったものの、「いいですよ」と答えました。

## ◎議員の相談には安易に対応せず、慎重に

次の日の朝、B係長が血相を変えてA課長のところにやってきて、「課長、昨日の合唱団をスポーツ団体として登録する件ですが、市の規則に、館の登録団体は『スポーツ団体に限る』と規定されているので、合唱団を登録することはできません。もし登録した場合には施設利用料金も半額になります」と言います。A課長は昨日のX議員との電話でのやりとりを思い出し、「これはまずい」と思いました。

取り急ぎ、A課長はX議員に電話し、「昨日申し上げた内容を訂正しなければならない」と伝えたところ、X議員は「その件については、昨日、合唱団のY代表に伝えてしまったので、その訂正についてはA課長からYさんに、直接お詫びしてくれないか?」と言います。

このままではX議員の顔をつぶしてしまうので、仕方なくA課長は、Yさんの連絡先をX議員から聞き、Yさんへ電話をかけましたが、Yさんに理解してもらえません。

そこで、A課長はB係長や館長と相談し、合唱団を登録団体(利用料が半額)とはしないが、いきいき活動館の団体利用の抽選にあたっては、スポーツ団体に準じた団体として優先枠に入れて運用していく、というような苦肉の対応を余儀なくされました。

このように、深く調べずに軽はずみな対応をすると、必ずトラブルを招きます。

議員からの相談等に対しては、法令をしっかり確認し、慎重に対応しましょう。

POINT

**安易な議員対応はNG。後で大きな埋め合わせが必要になる。**

第2章

# 議員との信頼関係の構築

1

# 議員の役職を知っておこう

## ◎議員は、さまざまな役職に就いている

一口に議員の役職といっても、いろいろあります。

まずは議会のトップである議長、そして副議長。常任委員会や特別委員会の委員。また、所属している会派内で幹事長などの役職を持つ議員もいます。

このように、議員が就いている役職を知っておくことはとても大切です。

議員は、自分が所属している委員会の所管事項や課題に多くの興味を持ちます。例えば、福祉健康委員会の委員になっている場合は、当然のことながら、高齢者の福祉や医療などの施策に関心を持ち、質問も多くなります。

そこで、議会への情報提供や根回しをする場合には、議員の役職や会派を意識した上

で、どの議員に対し、どういう順番に行うべきかを考えなければなりません。議会はいわば一種の村社会であり、議員の地位や会派に配慮した慣習的なルールが存在するからです。

## ◎議員に接するときは、その役職をふまえて対処する

例えば、障害者福祉施策に関する条例を定める場合、条例案を議会に上程し、議決してもらわなければなりません。

議案は通常、議長から当該事項を所管する委員会へ、その審査が付託されます。そして、福祉施策を所管する委員会において担当部長（福祉部長等）が議案の提案説明をします。この説明に対し、委員による質疑を経て、委員会としての討論・採決が行われます。その後、本会議で審議し議決を行います。首長としては、この流れをスムーズに行う必要があり、管理職はその環境を整えるわけです。

議案の内容によっては、担当の管理職が、事前に議員に説明しておいた方がよい場合もあります。議案内容がわかりにくい場合や、地域住民とのかかわりが深い場合などです。

例えば、公共施設の建設に関する条例案などは、地元住民の意向や対応の仕方などを議員に説明しておいた方がよいでしょう。通常、地元住民すべての理解を得ているということはありません。中には反対意見を持つ住民がいる場合もあります。

そこで、住民説明の経過や今後の対応を説明し、議案の審議に先立って、あらかじめ議員の理解を得ておくことが大切です。

どの議員に対し、どのような順番で説明を行うかは、議員が所属する委員会や会派での役職をふまえて考えます。例えば、委員会であれば委員長、会派であれば幹事長のポストにいる議員には、優先的に情報提供を行うなどの配慮が必要です。また、どの会派から情報提供するかという配慮も必要となります。通常は、与党系から行うのが一般的です。また、こうした説明を行う場合には、首長への事前説明（レクチャー）も忘れてはなりません。議員から首長が当該案件を聞かれて、知らないと言うわけにはいかないからです。

このように、議員への情報提供にはさまざまな方法がありますが、状況に応じ、ケースバイケースで対応することが大切です。つまり、課題となっている案件の進捗状況、議員とのコンタクトの状況などに応じた臨機応変な対応が求められるのです。

POINT

**議員には、会派や委員会での役職を考慮して対応する。**

# 2 議員にはスピード感を持って対応しよう

## ◎「スピード感」が求められる時代

以前は、というより「昔は」と言った方がよいかもしれませんが、議会の委員会が終わると、管理職はほっとしたものです。それは、議員からの質問や要望に対して、担当所管課はとりあえず課題を認識しておけばよく、解決にはある程度の時間的余裕があったからです。つまり、議員としては、自分が委員会で行政に対して質問や要望を行ったという事実に大きな意味があり、その実現への「スピード感」については、ある程度寛容だったような気がします。

しかし、今は「スピード感」が求められています。「すぐ」やれることは、すぐにやる。すぐにはやれないことでも、何らかのアクションを起こす必要があります。

もし、委員会で「○○については、今後検討いたします」と答弁したら、すぐに検討に着手しておかなければなりません。なぜなら、必ずと言っていいほどその後の委員会等で「○○についての検討状況はどうなっていますか?」と、状況報告を求められるからです。

このように「スピード感」が重視される背景には、社会や時代の変化の速さがあり、それに伴う住民意識の高まりも感じます。議員もスピード感を持ってさまざまな事象に対応していかないと、住民から見放されかねません。

そして、もちろん行政にも迅速な対応が求められます。私たちを取り巻く周辺環境の変化のスピードは非常に速く、対応の遅れが状況を悪化させてしまう恐れがあるからです。

## ◎事前の情報収集により、スピード感を持って議員に対応

平成二三年三月一一日、東日本大震災が発生し、福島第一原子力発電所の事故が起こりました。このときの放射能汚染や発電機能の低下による節電対策は、広域に及びました。

後手後手に回った政府の対応を受け、自治体の対応もスピード感を欠き、議員から「放射能測定を行え」とか、「早急に節電計画を立てろ」などの要望を受けました。しかし、測定機器の購入や電気使用量の把握などにかなり手間取った感があったのは事実です。

住民の生活や健康を守るために、何をすべきか。その時々の状況をふまえてスピード感を持って対応しないと、住民生活に大きな影響を与えることになってしまいます。

そこで、常日頃から情報収集のアンテナを高く張り、議員から何らかのアクションを受けたときに、速やかに対応できるように準備しておくことが求められます。

例えば、議員から「放射能測定を行え」と言われたときには、「測定器については業者等から情報を得ており、本市としては定期測定を行い、住民への測定器の貸し出しも行う予定となっています」といった程度は答えられるように準備しておきたいものです。案件によっては否定的な回答を行う場合もありますが、いずれにしても情報収集、想定、準備を怠りなくしておくことが必要なのです。

今時の議員は、むやみに個人や会派の要望を押し付けてくることはほとんどありません。議員が質問や要望をしてくる場合には、その背景に「住民の声」があるのですから、真摯に耳を傾け、スピード感を持った対応を心がけることが大切です。

POINT

**すぐやれることはすぐやる。**
**そのための情報収集を怠らない。**

# 3 議員への情報提供の勘所をつかもう

## ◎不確実な情報は伝えない

議員に情報提供すべきかどうかは、内容や状況によって必要性を判断します。

自治体の施策に関する情報はできるだけ提供するべきですが、原則として、あくまで行政の方針が固まった情報を提供します。不確定、不確実な情報の提供はできるだけ避け、もし、議員からそのような案件について聞かれた場合には、「現在、検討中です」とか、「はっきりしたことはわかりません」と答えるのが基本です。

誰に、いつ、どのような情報を提供すべきかは、経験を重ねていくうちに、勘所がつかめるようになります。

例えば、公共施設の工事を行う場合、議員へ情報提供するかどうかは案件ごとに異なります。小規模な修繕工事などは、通常、情報提供しません。議会の議決を受けた当初予算の中で行われるものだからです。

ただし、修繕規模が大きいものであったり、施設利用者に影響を与える場合などには、地域説明や議員への情報提供を行う場合があります。この判断は自治体の慣習や工事規模などによって異なりますが、情報提供すべきかどうか迷う場合にはしておいた方が無難です。

## ◎情報提供の方法

ところで、一口に「情報提供」と言っても、議会の常任委員会へ公式に「報告」する場合もあれば、関係議員に非公式に「情報提供」する場合もあります。公式な情報提供が原則ですが、すべてを報告していたらキリがありません。重要度に応じて判断し、公式な報告までは必要ないが、情報提供しておいた方がよいと考えられる場合（地域住民間で話題になるかもしれないことなど）には、非公式な情報提供を行います。判断に迷う場合には、公式に報告しておくことをおすすめします。

そうはいっても、常任委員会は通常、日程があらかじめ決まっているため、事案の状況によっては報告が委員会の開催期日に間に合わない場合もあります。そのような場合には、個別に関係議員（例えば、常任委員会の委員）へ非公式にでも情報提供しておくことが大切です。

議員へ情報提供するかどうかは各部署の裁量ではありますが、昨今では積極的に提供していくことが求められています。

例えば、公共施設の修繕工事の際に、近隣の住民が騒音・振動などの苦情を議員に訴える場合があります。その際に、議員にあらかじめ工事内容を説明しておけば、議員も住民から相談を受ける際に「あの話か」と落ち着いて聴くことができます。

しかし、行政が何の情報提供もしていない場合には、「この工事の件については、行政から何の話も聞いていない。けしからん」と言われかねません。

わかりやすい例として、公共工事の案件を挙げましたが、住民生活に関わりが深い施策や事業については、適宜適切な情報提供を心がける必要があります。

## ◎ＴＰＯに応じた情報提供

学校の統廃合を担当していたときのことです。

少子化で児童・生徒の数が減少しているため、学校の統廃合の必要性が出てきました。学校統廃合は住民の理解が得にくい政策です。「自分の卒業した学校がなくなることは淋しい」「通学距離が長くなるのは子どもに負担だ」「避難場所がなくなってしまう」など、それぞれが思いを抱えています。

したがって、地域住民の合意をどのように得るか、議員へどのように情報提供していくかなど、難しい判断が迫られます。ＰＴＡ会長等との調整を行いながら、地域住民との合意を進めていかなければなりませんが、地域説明会などの情報は議会に同時期に知らせておく必要があります。わずかなボタンのかけ違いが、議会等の場面において大きな反発を招くことになるからです。

このような地域を巻き込んだ重大な政策遂行は情報戦略をどう立てて、状況に応じてどう展開していくかで成否が決まります。議会や地元議員への情報提供を抜かりなく行い、与党を中心に議員にしっかりと理解してもらいながら進めていかなければなりません。

そのためには、ＴＰＯに応じて適宜適切な情報提供を心がける必要があります。

POINT

**案件の性質やＴＰＯに応じて、情報提供すべきか判断する。**

# 4 特定の議員に苦手意識を持つのはやめよう

## ◎中には苦手な議員もいる

議員にもいろいろなタイプがいます。

例えば、どのような答弁をしても納得せず、行政側の不十分な点をしつこく追及してくる議員。また、特定の住民の意見をそのまま伝えにだけ来る議員もいます。

このような議員に対しては、おそらく多くの管理職が苦手意識を持っています。苦手意識を持ってしまうと、「またいやな質問や要求をされるのかな……」と考えてしまい、憂鬱にもなってしまいます。とはいえ、議員は自分や住民の実体験をふまえて、行政への要求を伝えてきますので、その言葉は現実的な説得力を持っています。

## ◎あまりお相手したくない議員との思い出

以前、私が市立産業会館の館長を務めていたときのことです。

そこには、車と自転車の置き場はありましたが、バイクの置き場はありませんでした。

A議員は食品販売業を営んでいて、いつもバイクで移動していたこともあってか、会館に来所し、「ここにバイクの置き場を設置できないのか」と聞いてきました。

その際に、私は「スペースがないので、バイク置き場を設置するのは無理です」と説明しました。しかし、A議員は委員会での質疑の際に「館長はバイク置き場を設置すると言ったではないか」というような言い方をしてきました。野党系の議員でしたから、行政を困らせたかったのだろうとは思いましたが、事実と異なることを言われたことに、閉口した覚えがあります。

また、B議員（年長ベテラン議員）とある会合で隣席となったときのことです。

当時は女性市長で、その日の市長は黒のワンピース姿でした。会合で市長のあいさつが終わると、隣席のB議員が私に「市長に黒い服は似合わない。市長にそう伝えなさい」と言います。

そこで私は、「それは言えません。市長の服装に関して何かを言う立場ではありませんから」と答えました。すると、B議員から「市長に対して管理職がそんなことも言えない組織体質なのか！」とお叱りを受けてしまいました。

市の事務・事業に関する意見ならば、市長に意見を伝えることはできます。しかし、市長の服装に関する意見については、私が伝える必要はありません。ですが、今思えば「市長秘書と相談してみます」というような答え方もあったかなと思います。

## ◎議員との信頼関係を築く

議員としての経験年数が増してくると、中には無理難題を押しつけてくる議員もいます。しかし、どんな議員であったとしても、その意見を受け止め、何らかの回答をしなければなりません。苦手な議員だからといって、相手をしないわけにはいきません。

苦手意識をなくすにはどうしたらいいのでしょうか。

どんな人との関係でも同じですが、基本は丁寧に、真摯に対応することです。

顔を見かけたらあいさつをする。丁寧な情報提供を心がける。用件等がある場合は電話やＦＡＸだけで済ませずに、議員に直接会って資料を渡し、簡単に説明を加える。

このように適切な対応を重ねることで、少しずつ信頼関係を築いていくしかありません。

苦手な議員とは顔を合わせたくないのは山々であるとは思います。しかし、あえて顔を合わせる回数を増やすことで、相手の人となりがつかめてくるのではないでしょうか。

相手のことがわかってくれれば、その対処方法も自ずとわかってくるものです。

POINT

**丁寧に接して信頼関係を築き、苦手意識をなくす努力を。**

# 5 議員を味方につけて政策を推進しよう

## ◎議員の理解を得ておく

自治体の政策を推進するにあたっては、議会の議決を要するもの（議決案件）は当然ですが、そうでなくても、議会の同意や理解を得て進めていくことが必要となります。そのためには関係議員、特に与党系議員に事前に政策内容を説明し、その理解を得て味方にしておくことが大切です。

自治体が新たな事業を推進したり、事業の廃止や見直し（縮小・拡充）をするときには、すべての住民から賛成が得られるわけではありません。

例えば、福祉施設の建設や、高齢者向け福祉サービスの縮小などは、住民からの反対意見が予想されます。このような場合、関係住民や自治会長等にその理由を説明し理解してもらう必要がある一方、議員の理解を得ておくことも重要です。

施設を建設する際は、近隣住民から反対の陳情が議会になされる場合もあります。議会への陳情は通常、常任委員会に付託され、審査されます。陳情が採択された場合、法的拘束力はありませんが、事実上の影響力は生じるため、施設建設を進めにくくなります。

## ◎議員を味方につけるコツ

市立の学校や病院などは、昔であれば近隣から喜ばれた施設ですが、今は近隣住民から、「子どもの声がうるさい」とか、「救急車のサイレンがうるさい」など、さまざまな苦情が寄せられます。行政側としては防音壁をつくったり、病院に近づいたらサイレンを鳴らさないようにしたり、工夫をして近隣住民の理解を得ることになります。

このような公の施設の設置は、議会において条例の議決が必要となるため、少なくとも与党系議員の理解を得ることは必須です。また、少数会派の議員が政策決定のキャスティングボートを握る場合もあります。

さて、議員を味方につけるにはどうしたらよいのでしょうか。

まずは、背景に存在する住民の声にしっかりと耳を傾けましょう。施設建設の場合は、地元の自治会・町会の会長や近隣住民の意見を聴き、顔の見える関係をつくった上で、関係議員に情報提供し、行政の考え方を説明します。

また、常日頃から議員の主張や考え方、プロフィールや地盤、地域での活動や趣味などを知っておくことも、味方につける一助にはなります。議会質問の調整や各種行事等の機会などに、議員に進んであいさつし、多少の会話をしておくことも役に立ちます。

さらに、課長や職員が施策実現に全力で取り組む姿を見せることで、議員も心を動かされ、味方になってくれるのではないでしょうか。学校の統廃合を担当しているとき、地域から反対意見が多数挙がり、野党系議員はその声を議会で代弁していました。

そんな中、反対している地域の町会長や商店会長等の説得に地域を回っていると、偶然出会った与党系議員から「大変だね、ご苦労さま」と声をかけられました。その後、その議員は陰に日向に応援をしてくれたような気がします。そのおかげかどうか、統廃合は無事成就しました。

POINT

**政策実現には、住民と議会の理解を得ることが何より大切。**

# 6 議会内の対立構造を把握しておこう

## ◎地方議会における会派対立とは

議会は一種の村社会であり、また、会派や議員によるサバイバルの場でもあります。当然、本来は住民代表としての議員の思いを、議会活動を通して実現する場です。しかし、現実問題として選挙で当選しなければ議員として活動することはできません。そのため、各議員の主張や活動は、必然的に次期選挙での当選を目指したものとなります。

選挙が近くなってくるとその傾向はさらに強まり、いかに自分の所属する会派の活動が住民福祉に貢献しているか、また、自分の議員活動が住民の役に立っているかをアピールするようになります。この際に、自分の業績のアピールと対立の立場をとる会派や議員を批判することもあります。このような場面では、行政としてはいずれにも与しない立場をとらなくてはいけません。

そのためには、事前に議会の対立構造を把握しておくことが必要です。

国政（議院内閣制）と異なり、地方政治の場合には、地方公共団体の首長制は、住民の直接選挙に基づくもので、基本的には、首長が議会と調整しながら行政運営を行います。したがって、議会内での会派対立は国会における与党と野党のようにはっきりしたものではありません。しかし、そこには地方政治ならではの政党ＰＲのドグマが存在します。

それは政策論争ではなく、いわば政策実現の手柄争いというようなものです。自治体の場合は、住民が身近なだけに、住民のニーズを実現する政策手法（施策・事業）に大きな違いはありません。

例えば、「火力発電と原子力発電のどちらがよいか」を考えることは、基本的には国の政策です。地方議会でもこのようなことが議論されることはありますが、あくまで首長のスタンスを確認するもので、自治体の首長としてはこれに関与する権限はありません。ただし、例えば「太陽光発電などの助成金を出す」といった手法で、再生可能エネルギーの普及促進を図ることはできます。そうした場合、再生可能エネルギーの促進は大半の住民が賛成していますし、国の政策に連動したものですから、政策論争は生じません。

会派の手柄争いは、「自分たちの会派が当該政策にいかに貢献したか」というフィールドとなります。このような場合は賛成・反対の激しい政策論争における会派対立は生じず、首長の政策に対して、いかに関与したかのアピール合戦となります。

しかし、ときには政策手法が異なり真っ向から対立が生じることもあります。

## ◎議会内の対立構造を把握し、与党と調整しながら政策実現

特に地方議会議員の選挙などが近づくと、議員は、何かにつけ政争の具を求めたがります。また、議員も自分や会派の存在意義をアピールするために、何らかの地域課題の解決や住民サービスの向上を主張します。議員の気持ちはわかりますが、政策を実現するためには、関係者間の利害調整や財源の確保など、いくつもの乗り越えるべき壁があります。

行政としては議会内の対立構造を把握した上で、その中に過度に巻き込まれないように注意しながら、実際のところは首長の政策実現に向けて、主に与党と調整していくことになります。

POINT

**議会内の手柄争いには与せず、首長の政策実現を目指す。**

# 第3章

# 議会に向けた事前準備

# 1 担当課の予算は熟知しておこう

## ◎議会質疑では「予算」がベースとなる

自治体が行う事業は、すべて「予算」に盛り込まれています。

それゆえに、通常、年四回開催される定例議会において、来年度の予算を審議する予算議会（二〜三月開催）と、前年度の予算の執行状況を認定する決算議会（九〜一〇月開催）が特に重要であり、いわゆる議会対策の大きな山場となるのです。

したがって、管理職としては、当然のことではありますが、自分の担当している部署の予算の内容を熟知しておく必要があります。

「予算を熟知しておく」とは、単に事業に関する金額や人数などの数字を覚えることではありません。

事業の規模や内容はもちろんのこと、背景や目的をきちんと理解して説明できるようにしておくことを意味しています。

予算や決算の特別委員会では、通常、予算書とか決算書と呼ばれる報告書（地方自治法上で作成が義務付けられています）を使って質疑を行います。質疑内容は事業の内容、実績、予算金額の内容など、「予算」をベースとしながら、施策・事業の評価や方向性を議論します。

## ◎「予算」の中身を知っておくこと

それぞれの所管課は多くの事業を実施していますが、各事業は事業ごとに細かく予算立てされています。自治体が直接実施している事業もあれば、委託や請負等の契約によるもの、指定管理者制度を活用しているものもあります。

これらの予算は各事業ごとに詳細に見積もられていますが、担当課長としては、各事業の予算内容の基本的事項は押さえておく必要があります。

例えば施設を建設する場合、建設理由、規模や構造、工事期間、近隣住民への説明に関する状況などについては、しっかりと把握しておくことが必要です。その上で、予算書や資料等に要点をメモし、委員会などで聞かれたときには簡潔に答えられるようにしておきましょう。

特に野党系議員は、議会質問の際には、まず、このような基本的な事柄について質問し、その確認をふまえた上で、基本的事項との関連の中で質問してきます。例えば、「近隣住民への説明会は、計画段階で日時と会場を変えて二回、工事実施前に一回となっているが、住民から要望があれば回数を増やすのか」などです。住民要望があれば説明をしなければなりませんから、事前に係長・職員と、そこに事業者も加えて、基本的な事項について議論し確認をしておくことが大切です。

POINT

**担当事業は金額だけでなく、背景や目的も正確に把握する。**

# 2 所管の請願と陳情の内容を把握しておこう

## ◎陳情を侮るなかれ

請願・陳情は誰でも行うことができ、その内容に制限はありません。

議員の紹介を必要とするものを「請願」、必要がないものを「陳情」と呼びますが、多くは陳情の形をとります。陳情は首長に対してもできますが、通常は議会に陳情書を提出し、議会は陳情の審査を担当の常任委員会等へ付託して行います。

陳情の内容はさまざまであり、どのような内容でも住民の要望ですから、議員も無下にはできません。その内容が相当ひどいものでないかぎり、不採択という選択はとりにくいということになります。

陳情の取扱いには、通常、「採択」「不採択」「継続審査」「審議未了」などがありますが、白黒の結論が出しにくい場合には「継続審査」として結論を保留しておく手法もよくとられます。

さて、議会に対する陳情だからと言って、理事者側（行政）は安穏としているわけにはいきません。陳情の審査にあたっては、常任委員会等で議員から担当管理職に対し、陳情の対象となっている案件に関してさまざまな質問が飛んでくるからです。

理事者側から常任委員会等に対して行う通常の「報告」の場合は、事前に十分検討している案件ですが、「陳情」の場合は、しばしば想定外であり、かつ、一部住民の要望です。したがって、情報も少なく、異なる意見を持つ住民もいるので、答えにくい場合も多くなります。

## ◎陳情の内容を把握し、状況を確認しておく

例えば、マンション建設に反対する陳情が出されたとします。

その陳情がどのような趣旨で、どの地域の方が反対しているのか？　反対理由は何か？日照、騒音、ワンルーム、緑地の減少、その他。このような現場の状況が把握されていないと、議員としても判断できないため、常任委員会としてもその場は「継続審査」とし、担当所管課に次回までに状況把握を行うよう宿題を課すことになります。このような場合には次回も陳情審査が行われることになりますが、できれば何回も同じ陳情審査を行

うのは避けたいものです。

そこで、担当所管に関する陳情が出された場合には、陳情案件の実態を調査し、これまでの行政の対応、陳情している住民の状況（人数・地域・顔ぶれなど）を把握しなければいけません。陳情は直接民主制の手法であり、代議制（間接民主制）では届かない住民の声を補完するものです。このような生の声はパワーを持っています。陳情を煩わしいものと捉えずに、まずはその内容をよく理解し、どのような人が、どのような背景を持って陳情をしてきているのかを把握しておきます。多くの住民の意見を代表しているのか、行政の対応はどうなっているのかなど、事実をつかむことが大切です。

## ◎どんな案件でも誠意は示す

ときには、自治体との関わりがわかりにくい案件もあります。

例えば、看護師の労働条件の改善に関する陳情などです。その場合でも、関連情報の収集を行い、わかる範囲の説明と、できる範囲の対応を答えなければなりません。看護師の労働条件のようなケースは国からの通知を確認し、公立病院やこれに準じた病院の状況を確認するなどして誠意を示す努力をしましょう。

行政が陳情に対して状況を確認した上で、できることをしっかり行っていることがわかれば、議員も理解を示し、無理難題は言ってこないのが通常です。

また、ときには「国や都道府県に対して要望せよ」という陳情も出されます。主に権限が国や都道府県にある場合ですが、議会が採択し要望まで至るケースは稀です。しかし、誰が考えても必要性が認められるような場合には、国等に要望を行うことも十分にあり得ます。

POINT

**議会への陳情は行政に対する住民の要望。決して侮るなかれ。**

# 3 新規事業・廃止事業は過去の経緯を確認しよう

## ◎「変化」のツボを押さえる

議会質問の多くは「変化」を聞いてくるものです。

例えば、「A事業が前年度に比べ、執行額が大きく減った理由は何か」「B事業を廃止した理由及びそのフォローはどうしているのか」などです。

したがって、事業を新設・廃止・変更等したときは、その経緯や趣旨をしっかりと把握しておきましょう。

例えば、喘息の子どもたちを転地療養として山にキャンプに連れていくという事業がありました。高度成長期の日本は、工場や車の排気ガスによって空気が汚染され、多くの喘息患者を生みました。国主導で排ガス規制などさまざまな対策が打たれましたが、患者の救済策は、医療費補助と子どもたちへの健康教室が中心でした。

健康教室の一つとして、夏季に山で行われる宿泊キャンプが長い期間実施されていましたが、治療方法の発達により転地療養の必要性が低下し、宿泊を伴わない健康教室に見直すことになりました。この見直しに対しては、子どもの親の中には、宿泊キャンプの継続を求める意見もあったため、キャンプ見直しの背景や趣旨をわかりやすく説明しないと、議員からしつこく質問されかねません。国の補助金事業でもありますので、経費的な問題も含めて説明する必要があります。

## ◎新規事業は要注意、議員は興味津々！

新規事業の立上げは、大きな労力を要します。

法改正等によりやらざるを得ないものもありますが、主に首長が掲げたものです。また、議員（政党）の意見をふまえて立ち上げるものもあります。その場合には政党間の得点争いが熾烈になる場合もあります。行政としては、政党間の争いに巻き込まれないようにしなければならないため、できるかぎり首長による政策判断に基づいて提案する形をとることになります。

例えば、「地域商品券」の導入について、政党間に意見の相違があったため、首長としては「地域振興くじ」（一定期間に地元商店会に加入している商店で買物をした人に、購入金額に応じて、主に現金が当たるくじを配布するもの）を地域商店街の振興事業として提案したとします。

そうなると、地域商品券の導入を提唱している政党が「なぜ、地域振興くじにしたのか」と、しつこく質問してくるため、首長サイドとしては、「地域振興にとって地域振興くじの方が地元商店会の意向に沿い、地域振興の効果もある」ということを丁寧に説明する必要に迫られます。

新規事業は、制度設計、予算・人員の確保、議会質疑、事業ＰＲなど、さまざまな過程を経て実施されるものです。担当管理職としては、首長への説明は当然として、議員や関係住民等に対しても、しっかりと新規事業導入の経緯や趣旨を説明していかなければなりません。

POINT

**「変化」した事業は、経緯や趣旨、理由を丁寧に説明する。**

# 4 係長を議会の仕事に関わらせよう

## ◎議会対応と係長の役割

議会対応とは何のことでしょう。その主な内容は、議会の本会議や委員会における議員からの質問にあらかじめ準備をすることです。議会における議員からの質問に対する直接の答弁は、首長や管理職が行います。そうはいっても、議会対応は管理職だけが行うものではありません。

とりわけ係長は、議会における議員からの質問を想定して情報を収集し、管理職に対して情報提供に努めるなど、管理職を補佐し、議会対応を行うことが重要な役割です。

中には「議会対応は管理職の役割だ」という認識の下、議会対応にほとんどタッチしない係長もいます。このような意識は変えてもらわなければなりません。そのためには、常日頃から係長を議会対応に関わらせることが大切です。例えば、議員に所管事業の内容の説明を求められた場合には、係長も同行させて、日常業務として議会対応に馴染んでもらいましょう。

行政側の議会に対する窓口役は管理職ですが、係長に日頃から議会の仕事に関わってもらうことで、議会を意識した仕事の進め方が身に付きます。当然のことですが、自治体の仕事は、住民代表である議会の意向を無視して進めることはできません。したがって、常に、議会の意向をふまえて事業を実施し、議会からの質問を想定して回答を用意するなど、行政側は議会に対する責任を果たすことに努めなければなりません。

## ◎答弁の原案は、係長に作成してもらう

想定質問に対する答弁の原案は、当該案件を担当している係長や主査に書いてもらいましょう。その上で、係長が作った案を、課長や部長で検討します。

最初から課長が書くのはあまり好ましくありません。現場・現実を最も把握している者が答弁の原案を作成し、それを部課長などの管理職が答弁用に修正するのがよいと思います。なぜなら、管理職が直接書いた答弁案に対して部下は意見を言いにくいものですし、議会答弁については管理職にお任せという認識になってしまいかねないからです。係長等にも当事者意識を持ってもらい、日頃から情報収集してもらうことが大事です。

議会答弁を考える場合、管理職の視点（政策的視点）のみでは現場感覚が薄れ、説得力が低下しますが、係長の視点（現場の視点）のみでは政策の方向性がはっきりしなくなります。政策の方向性を見据えた上で、現場の実務をふまえた説得力のある答弁を作成することが求められます。

係長等は、日常的に実務手続きを行っていますので、答弁案を作る際にもそこまで言及しがちです。議会答弁の場合には、事業の具体例や実績を示すことはよいのですが、実務的な手続きへの言及までは、通常、求められていません。

そこで、管理職の視点で答弁案を修正します。この答弁調整の過程で情報を整理し、答弁内容を検討します。この過程で部課長と係長等がしっかりと議論し、答弁内容を検討しておくことが政策形成につながるとても大切な作業です。

例えば、今後の急速な高齢化を見据えて在宅療養体制の整備が急務となっていますが、これを「地域包括ケアシステムの構築」と一言で言うと、政策の方向としては正しいのですが、今ひとつ実感が湧きません。

そこで、「地域包括ケアシステムの構築に向けて、今年度については在宅療養ハンドブックを作成し、それを使って地域ごとに講習会を開催していきます」と言えば、行政の具体的な動きが見えてくるので、政策の方向性を見据えた、説得力のある答弁になります。

このような答弁調整の過程を通じて、事業の本質的な部分が見えたり、別の角度から想定質問を考えたり、答弁の表現方法を微妙に工夫したりすることができます。こうした過程をしっかり踏んでおくと、たとえ想定外の質問をされたとしても動揺せずに落ち着いて、それほど的外れではない答弁をすることができると思います。

このように部長や課長の政策的視点に、係長の実務的な視点が加わることで、説得力のある議会答弁案を作成することができるのです。

POINT

**係長の視点も活かして、説得力ある答弁案を作る。**

5

# 他部署との調整を事前にしておこう

## ◎総合的・横断的課題が多い時代

旧来、「縦割り行政」は批判の的でした。

今でも縦割りの弊害はありますが、一方で総合行政の必要が叫ばれる中、関連所管相互の連携体制を構築しようとする努力も随分と行われています。

現在の行政は仕事もさらに細分化し、住民生活のさまざまな場面により深く、よりきめ細かく浸透してきており、「地域包括ケアシステム」のように、住民生活を総合的・横断的に支える仕組みをつくる役割が求められています。

例えば、以前は住民個々人の健康問題に関して、行政はあまり深く干渉していませんでした。しかし、平成一二年に当時の厚生省が「21世紀における国民健康づくり運動（健康日本21）」をエポックとして、行政が個人の健康問題に積極的に関与していく方針を示し、国を挙げて健康診断の受診を推奨し、生活習慣病対策に乗り出してきました。

このような動きを受けて、基礎自治体（市区町村）は、従来の衛生や医療の環境整備にとどまらず、個々人の健康寿命を延ばすために意識改革や行動変容を啓発し、また、在宅療養支援体制の構築に力を注いでいます。こうなると、健康問題は、個々人の問題にとどまるものではなく、健康志向のまちをいかにつくるかということになってきます。つまり、ソフト・ハードを含めた総合的な健康まちづくりが必要となっているのです。

## ◎関係部署の答弁と齟齬を来さないよう、事前に調整

このような健康まちづくりを実現していくためには、福祉と健康や医療との連携、さらにはまちづくり部門との連携が重要となってきます。

議会からの「高齢者の健康づくりにどう取り組むのか」といった質問に対して、まずは高齢者担当部門が答えるとしても、その実現に向けては、健康部門やまちづくり部門の対策が必要であり、それぞれの対策についての答弁が齟齬を来さないような調整が必要となってくるのです。

このような事前の調整は、議会からの質問を受けて行うことはもとより、日常的に部局間の課題を調整することが大切で、そのような意識とパイプ作りが必要となってきます。

そのためには、顔をつなぎ、情報の提供と収集を意識的に行っていく、管理職にはそのような努力が求められます。

管理職は、ともすると横断的課題に対して、できるだけ火の粉を被らないように、対岸の火事として仕切りたがる傾向があります。課題に対する責任の所在ははっきりさせなければなりませんが、現代の課題は総合的・横断的・複合的なものですから、主管部署ははっきりさせるとしても、関連部署も共管意識を持って連携・協力して臨まなければなりません。たとえ対岸の火事として仕切ったとしても、現実には横から、背後から火の粉は降ってくるのです。

POINT

**答弁が齟齬を来さないよう、関係部署と情報共有を図る。**

# 6 議会提出資料は、シンプルに作成しよう

## ◎シンプル・イズ・ベスト

議会や委員会の際には、議員から資料を要求されることがよくあります。既存の資料がある場合には、その体裁を整えるだけで足りる場合もありますが、多くの場合はデータを加工して、議会に提出する資料として作成しなければなりません。資料作成にはある程度時間がかかりますし、議会へ提出するとなれば、上司等のチェックも必要となります。しかし、議会の場合には、作成時間がほとんどないような中で、資料作成を行わなければなりません。

したがって、できるかぎりシンプルなものにすべきです。複雑な資料は作るのに手間と時間がかかるだけでなく、間違いも生じやすくなります。また、資料の難しさが要らぬ質

問を招くことにもなりかねないからです。

## ◎資料の基本はマトリックス

議会に提出する資料は、視覚的にわかりやすいことが大切です。

視覚的にわかりやすい資料としておすすめなのが、マトリックス図です。数値データを整理して見せるには、マトリックス図に落とし込むのが一般的なやり方です。必要に応じてグラフにするとよりわかりやすくなります。

野党系議員からは資料要求がよく出されますが、一度出されると、ほぼ毎年度要求されます。そこで、経年変化を書き込める様式にしておくのがよいでしょう。

例えば、がん健診の受診率データなどはその例です。がんの種類ごとに、対象者数、受診者数、受診率を経年変化がわかりやすいようにマトリックス図に整理します。このような資料作りのノウハウは普段から高めておきましょう。

数値化できないものや、アンケートの自由意見などについては、どのような形にまとめるかが大切なポイントとなります。まとめ方が不適切だと、その資料に関する質問のレベルの低下も招きます。議員に正しい現状認識に立った的確な質問をしてもらうためにも、データのまとめ方は大切なのです。

また、資料を作る人間とそれを見る人間では、前提知識が全く異なります。そこで、資料作成の際には一般の人（予備知識のない人）に見せるつもりで、できるだけわかりやすく作る必要があります。

それでも、第三者から見ると、資料はわかりにくいものです。資料も文章と同じで、「結論部分＝言いたいこと」が、まずわかるような形にするとよいでしょう。集計表ならば合計欄を、率表示ならば％欄を目立たせるなど、わかりやすく表示しましょう。見る側としては、合計前の個別数値や、割合（率）を出す前の母数の確認は、必要に応じて行えば足りるものだからです。

資料をわかりやすく作ることで、事業の内容や実績を正しく理解してもらうことにつながり、議員からの質問も自ずと的を射たものになるのです。

POINT

**シンプルで的確な資料を作れば、議員の質問も的確になる。**

第4章

# 管理職の議会答弁のノウハウ

# 1 初めての答弁は、「焦り」に気をつけよう

## ◎初答弁は、誰だって焦ります

常任委員会、特別委員会、予算・決算特別委員会において、委員（議員）からの質問に答弁することは、管理職の必須かつ重要な仕事です。市民向けにインターネットなどで中継を行う自治体も増えており、そのようなことも意識して答弁を行う必要があります。

しかし、初めての答弁は、非常に緊張し、焦ります。経験を積んでも、答弁する際にはやはり焦りますが、初答弁は「頭が真っ白」な状態にもなりかねません。そこで大切なのが、委員の質問を丁寧に聴き、委員との「適切な会話」を行うように心がけることです。

答弁はただ単に知識を披瀝するものではありません。委員からの質問に対して答えるものですから、基本的には委員との会話として成り立つものでなければなりません。通常の

会話と同じように、お互いに言葉のやりとりを行うわけです。質問する委員は、大まかなストーリーを持って質問してきます。答弁者の答えの内容や方向によって、質問の方向も変化してきますが、議場でのやりとりのため、二〜四回くらいで概ね終了します。

答弁者としては質問者との会話として成り立たせることを意識し、相手の聞いていることに対して、わかりやすく丁寧に答える（説明する）ことが大切です。

## ◎答弁初心者の心得

管理職には、議会の各種委員会の場で、委員からの質問に対して的確かつ簡潔な答弁を行う能力が求められています。スムーズな議会運営に資するため、答弁を円滑に行えるように心がけることが必要です。そのために、まずは事前の準備を行いましょう。

例月の常任委員会などでは、予定された報告が行われるので、事前の準備ができます。しかし、予算・決算特別委員会では広く所管事項全般について質問されるため（自治体によっては事前の告知があります）、その場での対応力が試されます。

具体的な準備としては、次のものが考えられます。
①　担当事業に関して予算・決算の状況把握を行い、基礎的なデータを整理しておく。
②　過去の議事録（二〜三年分）を確認し、担当している課題について、どのような質疑応答がなされているかを調べておく。

③　委員会を構成する各議員の関心事、政策課題をリサーチしておく（議員や会派のホームページのチェック、議員からの問い合わせに関するテーマの予習など）。

④　基本データとなる数値、実績などは記憶するなり、すぐに検索できるような資料に整理するなりしておく。

⑤　質問が想定される課題に関する答弁内容について、事前に上司や関係部署と調整しておく。

実際に答弁する際の作法としては、挙手をして「委員長」とコールし、はっきりと「○○課長」と職名を名乗り、その上で委員長から発言の許可を受け、起立して答弁することが基本形です。また、質問されたことについてだけ簡潔に、わかりやすく答えるのが原則ですが、質問されたこと以外について触れる必要がある場合には、必要最小限の説明にとどめ、議員の質問時間を確保する視点からも会議時間を浪費しないようにしましょう。

**POINT**

**事前準備をして、議員との「適切な会話」を心がける。**

# 2 議会対応にはプラス思考で臨もう

## ◎肯定的な表現で答える

議会が始まる時期は、「どんな質問が来るのか」「無理難題を聞かれるのではないか」「うまく答えられるのか」など、管理職は不安になるものです。それは無理のないことですが、できるだけ前向きにプラス思考で捉えた方が精神衛生上よいと思います。

自治体では、日々多くのサービスを提供し、将来にわたって住民が安全安心に生活していくことができるような計画づくりなどを行っています。

ですから、本来、どんな質問に対しても堂々と、自治体が行っていることや、考えていることを説明すればよいのです。むしろ、「議会は、自治体の考えを表明できるよい機会」と捉えれば、議会への対応も少し気が楽になるのではないでしょうか。

そうはいっても、議員から課題や問題を指摘されるのは、決して楽しいことではありません。これに備えるためには、事前に現在のトレンドとなっている課題を的確に捉え、係長や担当者と議論をしておくことが重要です。自分の担当所管に関する課題についてしっかり議論しておくことで、どのような角度から質問されても、それなりの答えはできるはずです。

答弁にあたっては質問に対する知識を披瀝するのではなく、「的確な回答」をすることが求められています。知識は持っているに越したことはありませんが、質問されたことに答えることを心がけます。議員も行政をいじめることばかり考えているわけではないのですが、自分の質問していることとずれた答えをされると、どうしてもしつこく質問してくることになります。

議員の意見を肯定できない場合でも、そのことを直接否定するのは避けましょう。

「現在行っている取組みを充実して対応していきます」
「ご意見を参考にして今後の取組みを進めていきます」

など、できるだけ肯定的な表現で答弁することが必要です。

ものは言いよう。現状をくどくどと述べたり、「できない」とはっきり言ってしまうと、議員も自分の意見を認めさせようと意固地になり、再質問で泥仕合のようになってしまう可能性もあるので、気をつけましょう。

## ◎議会質疑をふまえて、職員を動かす

議会答弁では、管理職は議員だけを相手にしているわけではありません。

首長、上司に加え、背後の部下職員を少なからず意識します。首長は、できるかぎり議員や住民の要望には応えていきたいと思っています。このような首長の思いをふまえて答弁したのに、背後の職員から「課長が議会答弁であんなことを答えたから、また仕事が増えた」と言われることもあります。

基本的には住民福祉の増進の視点から答弁（回答）しなければなりませんが、質問内容によっては否定的な回答をしなければならない場合もあります。

よく引き合いに出されるのが、近隣自治体の例です。つまり、「隣の市でやっているのだから、うちの市でもやってほしい」という意見です。かつて自治体間競争が盛んに叫ばれた時代、各自治体は行政サービスを競い合い、軒並み財政難に陥っていきました。自治体の行政サービスに極端な差がつくのは問題ですが、各自治体は人口や財政力、環境や風土、住民の意識や生活スタイルが異なるため、行政サービスにも当然違いは生じます。したがって、議員に自治体の現状や多くの住民の意識を理解してもらうことが大切です。

例えば、「子どもを増やすためには、体外授精のように特殊な不妊治療に対しても助成を行うべきだ。隣の市のように助成金を支給したらどうか」との意見に対しては、「少子

化対策として、妊娠出産について保健師による相談体制を充実強化することで、不妊相談に対応していく方がよいと考えています」というような答弁がよいのではないでしょうか。

助成金を出せれば出してもよいのですが、それだけで済ませるのではなく、現代は、より幅広い少子化対策が求められているからです。

このような答えは相手の意見の趣旨は否定せず、より現実的な代替案を提示することとなります。議員のメンツを立てながら、より現実的な施策につなげたわけで、これならば職員も基礎自治体の保健師の本来業務として理解してくれるのではないでしょうか。

POINT

**相手を否定せず、肯定的な表現や現実的な代替案で回答する。**

3

# 答弁は神妙に、粛々と発言しよう

## ◎議会は厳粛な場

本来、議会は住民の代表が「これからの地域社会をどうつくっていくか」ということを話し合う、崇高で厳粛な場です。熱い議論は存在しても、粗野で下品な議論はあってなりません。攻撃的・暴力的議論はもっての外です。

とはいっても、実際には議論が攻撃的になったり、ときにはヤジが飛んだりもします。しかし、常に本来の姿に立ち返る努力は必要です。

議員はときにパフォーマンスを行いますが、私たち公務員はあくまで冷静沈着に、現場現実をしっかり捉えて、住民福祉の向上を図るためにはどうすればよいかということを基本に、粛々と答弁することが大切なのです。

野党系議員は、時折挑発的な口調で質問を浴びせてきます。

「○○課長は私に、その事業を積極的に進めると言いましたよね？」とか。

「そんなことを聞いているのではない！」とか。

この挑発に乗ると、相手の思うつぼ。相手はディベートのプロですから、熱くなってはいけません。そういうときは、冷静沈着に切り返しましょう。

できれば、ユーモアを交えて「私が言ったことをそのように理解していただき光栄ですが、私の真意とは異なります」とか、「そのことにつきましては、議員と私どもとの間に若干の認識の相違がございます」とか。少々ウイットを効かせた切り返しで、対立ムードから融和ムードへ導いてしまいましょう。

## ◎答弁は粛々と、されど気迫を持って

答弁は首長の考えをふまえ、気迫を持って行わなければいけません。

首長が「これからの超高齢社会では健康寿命の延伸が重要」と表明していた場合であれば、この考えをふまえて、例えば「生活習慣病対策を食事と運動の面から充実させ、市民の間に健康づくり運動のムーブメントを起こし、健康寿命の延伸を図ります」といった具合に答弁します。

管理職は、議員の質問に答弁すると同時に、首長や幹部に対して、自分が担当している

施策の考え方について説明していることになります。

したがって、首長の考えをふまえて、できるだけ歯切れよく施策の方向を示さなければなりません。議員から、たとえわからないことを聞かれても、落ち着いて粛々と答弁する必要があります。答えに窮するときでも、「わかっていること」「知っていること」の範囲で、冷静沈着に落ち着いて答弁することが求められています。

例えば、議員は質問の冒頭で、よく、実績や統計データを聞いてくることがありますが、そのようなデータ（数字）を準備していない場合は当然焦ります。こんなときは、できるだけ取り乱さずに、大まかな数字（記憶があればですが）で答えることも一つの手ですが、議員があくまで正確な数字を要求する場合には、気持ちを落ち着けて、その場は答弁を保留し、後で答えましょう。取り乱して、資料を探し回るよりはましだと思います。

POINT

**挑発には乗らず、首長の考えをふまえて冷静に答弁する。**

# 4 答弁はセンテンス短く、平易な言葉で話そう

## ◎答弁は簡潔に、複雑な言葉は使わない

「理事者の方は、答弁は簡潔にお願いします！」

予算特別委員会では、経緯や理由などを長々と答弁する理事者に対して、委員長がこのような注意をする場面をよく見かけます。

以前は（かなり昔ですが）、議会は時間無制限のような感覚があったためか、質問の数も多く、答弁にも時間をかけていました。しかし、本来、答弁は「質問されたこと」に対して端的に答えればよいものです。

また、今はさまざまな場面で効率化が求められる時代です。議会も例外ではなく、さらには、ワークライフバランス意識の高まりや女性議員数の増加なども影響して、議会にお

ける審議の効率化が強く求められています。したがって、各委員長は議会を日程通り、時間通りに進めようと努力しています。

確かに、必要以上の時間をかけた議会審議は、自治体の日常業務に支障を来します。住民サービスに支障を来すような議会審議は改善すべきですし、理事者も短くてわかりやすい答弁をするように心がけなければなりません。

しかし、さまざまな質問に対して、すべて簡潔に答えられるわけではありません。答弁の前提として、背景や経緯を述べる必要がある場合もあります。また、「検討する場合」でも、前向きな検討もあれば、消極的な検討、ほとんど検討しない場合もあります。さらには、「検討しない」場合でも、その課題に関する情報収集や研究をする場合など、それぞれの課題の内容により、答弁の仕方にはバリエーションがあります。

このように答弁は、ときに微妙な表現、例えば「調整する」「研究する」などをとる場合がありますが、その際にも複雑な答弁は避けるべきです。質疑の場であまり難しい内容を述べてもわかりづらいし、議員の方もそこまでは要求していないのが普通です。

ときには専門的内容の答弁が必要となる場合もあり、専門用語などを使わざるを得なくなりますが、できるだけかみ砕いてわかりやすい答弁に心がけるべきです。なぜならば、「答弁がわかりにくい」と再答弁を求められ、より詳細な説明にならざるを得ず、さらにわかりにくい答弁となる恐れがあるからです。

## ◎議会以外の場でもわかりやすい伝え方を心がける

例えば、法律や条例の解釈・運用に関して質問された場合には、具体例を挙げながら説明するなど、よりわかりやすい説明が求められます。常日頃から、難しい用語を平易な言葉に置き換えたり、職員を相手に課題を議論するときに、具体例を挙げてみたりするなど、わかりやすい答弁の訓練・練習のようなことを行っておくことが大切です。担当者と課題に関する想定問答などを実践してみるとよいでしょう。

一般住民は通常、議会で質問となる課題には関わっていませんが、議会質疑は一般住民もわかるような内容であるべきです。したがって、できるだけわかりやすい質疑になるように、議員も理事者も努力することが求められます。

POINT

**答弁は、短く、わかりやすく、シンプルに。**

# 5 答弁をするときは、必ず資料を手持ちしよう

## ◎答弁の際に使う資料を用意する

常任委員会では、予定された報告案件について理事者が説明し、議員の質疑が行われます。このような場合には、議員の質問がある程度は想定できるので、想定質問やその根拠となるデータを用意しておくことができます。

このように答弁用の資料を用意し、その資料を持って答弁に臨むことが大切です。まず、答弁用の資料を準備しながら、答弁内容を確認することができます。また、資料を準備しながら議員の質問を想定することができます。

そして、用意した資料を答弁の際に手持ちすることで、心に余裕が生まれます。これが重要です。同じ答弁をする場合でも、資料を手持ちして答弁するのと、何も持たずに答弁

するのとでは心の余裕が違います。資料を手持ちしているだけで、不思議と落ち着いてしっかりとした答弁ができるものです。

## ◎資料は使うものを、必要最小限用意する

資料を手持ちするとはいっても、大量の資料を議場等に持っていくことはできませんし、あまり多くの資料を持っていくと、質問されたときに迅速に探すことができません。そこで、資料は必要最小限にすることが肝要です。必要な資料の選択には経験を重ねることが必要ですし、常に更新しておかないと使い物になりません。手持ち資料の整理は、管理職に必要不可欠な能力といえるでしょう。

いかに活用できる形で、資料を整理しておくか。各管理職の一種の情報管理力が問われます。頭の中も資料も、理解し、整理し、更新し、不必要なものは廃棄する。そして、質問されたときには、必要な資料を迅速に探し出すことが求められます。

議場で資料を探し出すには、日常的な情報収集と資料整理、それらについての学習が大切だということです。資料は、集めて整理するだけではだめです。その意味を理解し、活用できるようにしておくことで生きた資料となります。

私は初めて予算特別委員会に臨んだとき、とにかく必要な資料を持っていけばどうにかなると思っていました。しかし、持ち込んだ資料は雑多で、その場では肝心な資料が見つ

け出せませんでした。

何回か苦い思いをしましたが、徐々に委員会にも慣れ、必要な資料のチョイスもできるようになり、不意打ち質問に対しては、基礎・基本から答えれば大きく外しはしないというようなこともわかってきました。とはいえ、ピンポイントで想定していないデータを聞かれると非常に焦ります。そういうときには仕方がないので、大まかな数字で答えます。それでもおさまりがつかない場合は、後で再答弁することになります。

しかし、できれば再答弁はしたくないものです。委員会の休憩後の再開にあたり、「委員長！」と勢いよく手を挙げ、「先程○○委員から質問された××に関するデータは、△△でした」と答弁するのはあまりかっこよくはありませんから。

POINT

**必要な資料を厳選して持ち、落ち着いた答弁を。**

# 6 質問を正確に把握する

## ◎質問を落ち着いて、しっかりと正確に聴く

適切な答弁をするには、質問を正確に把握しなければなりません。

しかし、議員の質問も、中にはわかりにくいものがあります。質問内容がわかりにくい場合もありますが、議員の聞き方がわかりにくい場合もあります。そんなときは、どうすればよいのでしょうか。対応方法としては、大きく二つ考えられます。

一つ目は、質問の内容を再確認する形で「委員の質問は……ということだと思いますので、それについては……」と答える方法。二つ目は、「質問の趣旨がよくわからなかったので、申し訳ありませんが、もう一度ご説明をお願いできますか?」と、聞き返す方法。

できれば、後者の方法はとらずに、前者の方法である程度答えて質疑をつなげ、議員の

次の質問につなげていく方がよいでしょう。

答弁が多少ずれている場合には、議員が、「聞きたいことはそういうことではなく、……なのです」というような形で再度質問してくる場合もあります。その場合には、その時点で質問を正確に把握して答弁することになります。ただし、質問の意味がほとんどわからない場合は、ちょっと恥ずかしいですが、聞き返してしまうのも仕方ありません。

## ◎聞かれたことに答える

答弁をする際に気を付けるべきことで、まず大切なのは、「聞かれたことに答える」ということです。経験が浅いと、質問を正面から捉えず、背景や状況を説明しがちです。

ケースバイケースですが、通常、議員が求めているのは簡潔な答弁であり、質問に対する結論と理由さえわかればいいのです。簡潔な答弁をするには、議員が聞きたいことを正確に把握していないとできません。そうでないと、言い訳のようなダラダラした答弁となり、委員長から「答弁は簡潔にお願いします」と注意されてしまいます。

このように、答弁は聞かれたことに答えるものですが、だからといって消極的に構える必要はありません。議員の聞きたいことを正確に把握した上で、自分の担当している事業を積極的にアピールする場として活用することもできます。これまでやってきたこと、また、これからやろうとしていること（決まっていれば）を端的に説明するとよいと思います。

また、聞かれたことに答えていないと、再質問されたり、答弁内容の不備を突かれたりします。余計なことを答弁したがゆえに、墓穴を掘るという状態です。こうなると、さらに言い訳のような答弁になるため、しっかりと軌道修正していかなければなりません。

例えば、「危険ドラッグの撲滅」を市の政策として掲げ条例案を議会に上程したとします。危険ドラッグは法律等ではっきり指定できないようなものですから、「誰が指定するのか」といったことを聞かれかねません。難しい問題ですが、その辺の背景を説明し出すとわかりにくくなります。

市長が決めるわけにもいかないため、「国や県の指定に従い、市としても対応していく」というように答えれば、議員の意向には沿っています。そこを外して、法的な権限を説明し出すと、「私の聞きたいのはそういうことではなくて……」と言われることになりかねませんので、注意してください。

POINT

**質問を正確に把握して、再質問されないように端的に答える。**

# 7 議員の質問の意図を読む

## ◎議員の質問の背景を知る

議員が委員会等で質問するときには、大抵、何らかの意図があります。

ときには、思いつきの質問もありますが、通常は住民の意向や視点を捉えて質問しています。また、所属する党派の考え方をふまえた質問もあります。いずれにしても、議員の質問の意図を正確に把握しないと、答弁と質問がかみ合わなくなってしまいます。

また、議員の質問の意図を捉えて答弁しないと、専門的かつ詳細になり過ぎてしまいます。時と場合にもよりますが、議員は専門的で詳細な答弁を期待して質問することはほとんどありません。もちろん、質問内容に関して専門知識を活用して答弁することは必要ですが、通常は一般の住民が疑問に思うところを説明できる程度の専門性で足りると考えられます。答弁が過度に専門的で詳細なものにならないためには、議員の質問の意図をしっかりとつかんで答弁しなければなりません。質問されたその場で意図がつかめれば問題ありませんが、予備知識がないと意図をつかみかねる場合も多いものです。

そこで、日頃から、議会や議員の興味・動向や、地域課題について幅広く興味を持っておきましょう。自分の所管していない施策についてはは興味・関心が薄れがちですが、その中でも重要なことや担当施策との関連事項については、情報収集のアンテナを張っておき、多少興味があれば担当所管課に内容などを確認しておくことも必要です。

## ◎意図をふまえた上で、答弁する

理事者側が質問の意図を理解せずに答えてしまうと、議員も地域の方の意見や要望等をふまえて質問しているため、答弁になかなか満足せず、食い下がることになります。

例えば、市境の住民は、自宅に近ければ隣の市の診療所であってもかかりつけ医にすることがあります。そのため、A市がその地元医師会に委託している検診であっても、市境にあるB市の地元医師会員の診療所で健診を受けたいという人が少なからずいるのです。

このような市境の住民の声を聞いた議員から、「隣接市の診療所と健診の相互乗り入れを可能にしてほしい。なぜできないのか?」と質問されたとします。

このような質問に対しては、単に「できません」というだけでは収まりません。当然ながら、議員は「そこを何とか行政で調整してほしい」と思って質問しているのです。この問題は行政による調整というよりも、医師会相互の利害調整の問題です。A市とB市の両医師会の合意が必要ですが、その調整を行政が行うのは難しく、地元医師会にお願いすることになります。しかし、お願いされた医師会としても、会員相互の意見調整が難しく、なかなか進展しないのが実情です。

質問した議員は、医師会相互の調整が難しいことをある程度わかっていながらも、「この不合理をなくしたい」という思いと、「住民の声に応えたい」という思いで質問しているはずです。このような意図を捉えれば、行政としては「地元医師会への働きかけをしっかり行う」という答弁になると思います。結果としては「できない」可能性が高いのですが、「努力する姿勢を示すこと」が議員の意図や立場をふまえた答弁となるのではないでしょうか。

POINT

**日頃からアンテナを張り、質問の意図を捉えて答弁する。**

# 8

# 前任者の答弁と矛盾しないようにしよう

## ◎議会の会議録を読む

予算や決算の特別委員会などでは、議員から何を聞かれるか不安になります。そこで、担当している事業について実績や課題を確認し、想定質問を考えておくことが大切です。現代は社会の変化のスピードが速く、新たな課題が次々に生じてくるため、常に最新の情報を把握するように努めなければなりません。

最新情報の把握が必要である一方、地域課題には継続性があります。地域課題の継続性から考えると、新たな課題であっても議員の問題意識はそう変わるものではありません。特に地方議会においては、何といっても「住民の視点」が重要です。住民の視点からすると、新たな課題についても「住民や地域にとってどのような意味があるのか」が問われるわけです。

また、ほぼ同じ課題が継続して質疑されている場合もしばしばあります。

いずれにしても、過去に前任者がどんなことを聞かれ、どんなスタンスで答弁したかを確認しておくことが必要です。二～三年分の質疑の状況は調べておきましょう。

まずは「誰が、何を、どのような視点から聞いてきたか」の確認が大切です。

## ◎前任者の答弁をふまえて答弁する

例えば、「がん検診の受診率を高めるために、検診費用を無料にすべきであると思うが、その検討はしないのですか」という質問があったとします。

この質問は、当該自治体ががん検診を無料化しないかぎり、継続して聞かれる質問といえるでしょう。このような場合、前任者が「無料化しない理由」、逆にいえば「有料化している理由」をどのように答弁していたかを確認しておく必要があります。

前任者が有料化について「健康は自分で守るという自己責任意識を高めること、また、検診費用の自己負担分が経費全体の一割程度で約千円と安価なこと」を理由として答弁していたとします。この場合は、基本的には同じ路線で答弁していくことになります。

では、議員が「無料化した方が、受診率が上がるのではありませんか？　受診率向上の視点からも無料化すべきではないですか」と角度を変えて質問してきた場合、どう答えればよいでしょうか。このような質問は十分想定されるものであり、過去にも答弁しているはずです。大きな外部環境の変化がないかぎり、基本的な考え方は踏襲しながらも、新たなデータもふまえて理論を再構築しなければなりません。答弁は、その場しのぎのテクニックではなく、政策形成の一環です。近頃は、特にその傾向が強くなってきています。住民の行政に対する意識が高くなってきている現在、口先だけの答弁はすぐに見破られてしまいます。説明に対する責任が問われる時代なのです。

議員も質問しようとしている課題に関して、行政側が以前どのような答弁をしているかを確認して、質問してきます。また、質問しようとしている課題について、どのような動きがあるのかを調べて質問してきます。したがって、担当管理職としては、最新情報を把握した上で、過去の答弁と矛盾しないよう政策形成の継続性を持って、答弁することが求められるのです。

POINT

**地域課題の継続性と最新情報をふまえ、説明責任を果たす。**

9

# 議員の挑発に乗らないようにしよう

## ◎挑発してくる議員もいる

議員はときに、行政側を挑発してくることがあります。挑発することで行政側の不用意な失言を引き出し、それを批判することで自分の意見の正当性を強調するのです。

例えば、「生活困窮者に対して、やみくもに国保料の滞納処分、差押えを行うのは、いかがなものか」というような質問です。担当とすれば、やみくもに差押えなどするわけがないし、かなり悪質な場合に差押えという手段に出るのが普通です。それを、行政があたかも弱い者いじめをしているような口ぶりで聞いてきます。

こうした場合は、「そんなことはしていない」と強調するよりも、差押えの具体的な例を挙げて（もちろん個人情報は出しません）、資産があって保険料を払えるにもかかわらず払わない人がいるという状況をしっかり説明することが大切です。担当管理職も人間ですから、心外なことを言われれば頭に血が上ります。ここで、老練な議員の挑発に乗ってしまうと、行政側はすっかり悪者にされてしまいます。ここは落ち着いて冷静に、実態を具体的に説明しましょう。

## ◎熱くなったら、深呼吸を

思わず、かっと熱くなってしまうときもあるでしょう。

そんなときは、答弁前に深呼吸。

答弁は、「心にゆとりを持って、しっかりと行う」が基本です。

確かに、内容が検討中である課題については、自信のない答弁になりがちですが、せめて言い方だけでも力強く、「しっかり検討します」と答えましょう。たとえ検討を予定していない場合であっても、「十分に情報収集して研究します」と答えるなど、ものは言いようです。「議員の意見はしっかり受け止めて考えていきます」という態度こそが大事なのです。

野党系の老練な議員は、行政側の冷たい態度や横柄な態度を引き出して、批判し、自分の主張がいかに住民に寄り沿ったものであるかを示そうとします。

しかし、数十年前のいわゆる「御上の時代」ならいざ知らず、現代の行政、特に基礎自治体は、住民に対して大変親切です。常に住民の立場に立つことを心がけています。ただ、特定の住民の立場に立つわけにはいきません。そこで、どうしても公平性や公共性の立場から施策づくりをしていかなければならないのです。

公務員は、常に最大多数の最大幸福を目指す必要があります。施策実現に向けた情熱は持ちながらも、常に冷静沈着な態度を保持し、公平性と公共性の観点から適切な答弁をするように心がけましょう。

POINT

**熱くならずに、落ち着いて、毅然とした態度で答弁する。**

10

# ミスを指摘されても施策は撤回しない

## ◎議員は、行政をチェックする

議会と執行機関（行政）は、相互に牽制と調整を行うことで、公正な行政運営を行っていくものです。ですから、議員が、行政の施策の欠点を突いてくるのも必要なことといえるでしょう。また、その多くは住民の声をふまえたものであり、真摯に受け止めなければなりません。

例えば、「スポーツ施設の屋内プールに、高齢者や障害者に対する利用料の割引がない。近隣自治体では、割引がなされているので、わが市でも割引制度を導入すべきである」というような意見が出たとします。

確かに、高齢者等への割引の制度は、介護予防やリハビリの観点からは必要性も感じられます。しかし、まずは、多くの高齢者が現在の利用料をどう考えているかを確認すべきです。

「高齢者だから、あるいは障害者だから、必ず割り引かなければならない」ということはありません。また、もともときわめて低料金であれば、割引の必要性もあまりないと考えられます。そのあたりのことを確認し、どの程度の高齢者がそのような意見を持っているのかを、調査・確認することが大切です。

## ◎施策の欠点を指摘されても、撤回はしない

議員がどのような状況（人数・場面など）をふまえて、施策の欠点を指摘してきているのかは十分には把握できないことも多くあります。

当然、現在の施策を必要とし、その内容に満足している住民もいますし、通常はその方が多数派のはずです。したがって、議員から、当該施策の欠点やその実施に伴うミスを指摘されたとしても、安易に施策の撤回に言及することは避けなければなりません。

あくまで、冷静に受け止め、施策の欠点やミスに関する調査・確認を行った上で検討し、今後の方針を決定する必要があります。したがって、答弁としては「ご指摘の内容をしっかり調査・確認し、今後の対応を検討します」というような言い方になると思います。

どのような施策でも、環境の変化や運用上の問題は出てきます。施策遂行上のミス等があった場合も、もちろんすぐに修正・改善を図るべきですが、そのことが直ちに施策の撤回に結び付くことは、通常はほとんどありません。

POINT

**議員の指摘には真摯に対応し、しっかり調査をした上、必要があれば修正・改善を図る。**

# 11 ときには上司の出番をつくろう

## ◎答弁は、基本的には直接の担当管理職が行う

委員会答弁は、通常、施策や事業を直接担当している管理職が行います。基礎自治体（市区町村）であれば、普通は課長級管理職が答弁します。これは、事業の内容を最も把握しているからです。

部長級以上になると、所管領域も格段に広くなるため、施策や事業を直接把握するのではなく、課長を通じて間接的に把握することになります。必要があれば、視察等を通じて直接的な把握に努めますが、基本は課長等から状況に応じて、適宜適切な情報の提供を受けることになります。

また、すべての答弁について、事前に入念な打合せができていればよいのですが、とき

には十分な検討がなされていない課題に対して質問されることもあります。その際に、課長の答弁をふまえて、議員との質疑の中で軌道修正をしたり、ある程度で質疑を収めたりするのが部長の役割です。

したがって、委員会での議員との質疑は基本的には課長が行うことになります。

## ◎ときには、上司の出番をつくる

仕事を進めていく上で、課長は上司に対して報告・連絡・相談を行いますが、課題等の解決にあたっては、できるかぎり課長や係長レベルで対応すべきです。

ただし、節目節目で上司の出番をつくることで、上司への直接的な情報提供、仕事関係者への敬意、また上司の存在感の演出等を行うことができます。

委員会答弁もこれと同じです。原則としては課長が行いますが、同じ課題に関する質疑が長くなった場合、質疑内容は概ね同じことの繰り返しになってきます。こうした場合は、時間的な制約もあるため、ある程度質疑が出尽くしたら、議論を収める必要があります。

その収め役として部長に登場を願うわけです。答弁内容は基本的には課長と同じですが、部長が答弁することで、議会のこの場のやりとりは、とりあえず収めるということにするわけです。上司の存在感をいかに示せるか、それも課長の才覚といえるでしょう。

例えば、保育料や国民健康保険料の値上げなど、必ず野党系議員が反対してくる問題があります。国民健康保険料の値上げは毎年のごとく行われています。医療給付費の増加が主な原因ですが、野党系議員は値上げの反対を主張します。議会質疑はいつも「どこが保険料の財源を負担すべきか」という議論になり、行政と議員双方の主張は途中から繰り返しになってきます。

議論がある程度煮詰まった段階で、課長としては「繰り返しの答弁となりますが……」と幕引きを図ります。それでも反論してくる場合には、「課長が申し上げているとおり……」と部長が課長の答弁をまとめる形で、議論を終結させます。このシナリオは、事前に部長と打合せしておくとよいと思います。

それでも収まらずに、市長の答弁までも求められる可能性がある場合には、市長の秘書に事前に一報し調整しておくとよいでしょう。

POINT

**上司の出番を演出することも、課長の役割。**

第5章

# 首長答弁のつくり方

# 1 全庁的視点で答弁を作成しよう

## ◎答弁は、首長の考えに沿って行うもの

議会答弁は、首長や教育長だけでなく、部課長などの管理職も行います。

たとえ部課長が答弁を行う場合でも、いわば首長の代理として行うため、あらかじめ首長の考え方を知っておく必要があります。通常は答弁案を作成する過程で、首長と意見の調整を行います。しかし、時間的な制約や国の方針が未確定などの理由で、調整が十分にはできない状態のままで、部課長が答弁を行う場合もあります。

そこで、普段から首長の考え方を把握しておくことが大切です。

首長の話を聴くことはもちろん、所信表明や各種計画の冒頭にある首長のあいさつ文などをしっかりと読み込み、意図を理解しておきましょう。さらに、議会における首長の過

去の関連答弁を読むことにより、首長の基本的な考え方やその方向性をつかむように、普段から努めておくことが大切です。

## ◎全庁的視点で、答弁案を書く

首長の視点は、全庁を鳥瞰的に見渡す視点でもありますから、そのことは全庁的視点から答弁案を作成するということにつながります。答弁案を作るのは、質問事項を担当している所管課ですが、政策課題の解決には財政的な裏付けも必要です。また、課題が複数部署にまたがっている場合、例えば、高齢者の医療と介護など、健康部門と福祉部門が共管している施策などについては、両部門の考え方の整合性も求められます。

したがって、実際に答弁案を作成する過程で、関係部署と調整することが必要となります。議員から新規事業や事業拡充を求められたとき、方針が決まっていればその方針に従って答弁することになりますが、方針が決まっていない場合には、住民代表である議員の意見を一旦は受け止め、その上で、実現可能性や財源、費用対効果などを検討、または調査・研究することになります。財政的な裏付けについては、実質的には財政部門と予算を編成する過程で調整することになりますが、大切なのは、財政的視点を持って答弁案を作るということです。また、関係部署にはメールなどにより情報提供を行い、答弁案を確認してもらうなど、関係部署との考え方に齟齬が生じないように努めます。

答弁作成の過程で、関係部門との連携や意見調整を円滑に行うためには、日頃から関係部門の政策に興味を持ち、会議の際に意見や情報の交換をしておくことが役に立ちます。前述の高齢者の医療と介護の課題であれば、福祉部が開催する高齢者福祉に関する会議に、関係部署もメンバーに加え、関係各部の情報がシステマティックに相互共有されるようにしておきます。日頃から情報共有しておくことで、いざ議会答弁を作成しようとする際も、関係部署への配慮や情報提供を忘れず、円滑に行うことができるからです。関係部署へ情報を提供し、意見を交換しておくことで、必然的に全庁的な視点からの答弁案を作成することができます。

このように答弁案の作成にあたっては、日頃から首長、関係部署との意見調整を行う努力を欠かさないことが大切です。

POINT

**日頃から関係部署と情報共有し、答弁作成でも連携を図る。**

# ２ 事実を正確に整理しておこう

## ◎事実に基づいて、答弁案を作る

議員の質問の多くは、自治体の政策を実現するための施策や事業に関するものです。例えば、「住民の健康づくりの実現に向けて、どのような生活習慣病の予防対策を行っていくのか」という質問をされたとします。

どんな分野であっても、議員の質問に関する施策について、自治体として何らの取組（事業）もしていないということは稀です。大抵は何らかの取組みが行われています。

まずは、これまでどのようなことに取り組んできたのか、時系列順に確認しましょう。

「近年、個人のＱＯＬ（Quality Of Life／生活の質）や医療費削減の観点から、生活習慣病（食事・運動等の習慣に起因する疾患群）対策が声高に叫ばれています。市の健康部としては、以前から住民の健康診断には取り組んできており、定期的に健康診断を受診するよう勧奨を行ってきました」

このような「実績」を述べるとともに、受診率の低迷という「課題」があることを示します。その上で、これから受診率の向上に向け効果的な受診勧奨を行っていくという「方針」を述べ、できれば受診勧奨のためのコールセンターの開設など具体策を示します。

議員は、事業の概要は知っていても、具体的な内容や実績までは知らないことが多いものです。そこで、主な取組み事業の内容と実績を示し、議員と行政との認識の共有を図ります。首長答弁であれば、あまり詳細な内容に入らずに、事業の概要とその趣旨がわかるような具体例を示すとよいでしょう。

このように、これまでの実績をしっかり示した上で、今後の施策展開の方針について言及します。その際に、これまでの取組みで十分と考えられる場合と、より充実した内容に見直す必要がある場合とがありますが、当該施策の担当所管課でよく検討し、首長とも調整して方針を確認し、答弁案を作ることが必要です。

## ◎事実を整理し、内容を確認しておく

まず、施策や事業に関する事実について、5W2Hの視点から正確に整理し、実績をふまえた上で、その取組み内容を確認します。

例えば、生活習慣病予防対策として「糖尿病に関する講演会」を開催している場合には、何年度から開始し、いつ、どこで、どのような内容を、何回実施したのか、参加者は何人であったのか。これらの確認した事実に基づいて、議員の質問に対する答弁案を作ります。

この例でいえば、「糖尿病対策の普及啓発については、平成○○年度から講演会を実施しており、今年度は○月△日に開催し、参加者は約一○○人でした。今後は、糖尿病の予防や悪化を防ぐために、健康診断結果をふまえ、個別保健指導の実施も検討していきます」というような表現にします。

また、首長と答弁調整を行う際に、首長から事業実績、他自治体での実施状況などについて聞かれることもしばしばあります。これらの情報についても、正確に整理・把握しておきましょう。

POINT

**答弁では「実績」を述べた上で、「課題」を指摘し、今後の「方針」を述べる。**

3

# 答弁には具体的な数字を盛り込もう

## ◎基本的な数字を把握する

予算特別委員会と決算特別委員会。

議会では、この二つの特別委員会で、予算や決算の内容（事業）を審査します。舌鋒鋭く切り込んでくる議員の質問に、首長を中心に管理職ががっちりと守りを固めます。本会議では、事前に質問内容の通告を受けて答弁を作成し、それを首長等が読み上げます。これに対し、委員会では、質問の事前通告もなく、管理職がその場で答弁を行います。

「その場で答弁を行う」といっても、もちろん思いつきで答弁するわけではありません。常日頃の事業の実施状況、実績、評価をふまえて答弁を行います。したがって、委員会前には情報や資料を整理・確認し、「想定問答」を考えておきます。委員会当日は資料を持って席に着きますが、想定外の質問や、持ち込んだ資料にないことを質問されることもあります。そのような場合には、持っている知識を総動員して、何とか答弁を行いますが、どうしてもその場で答えられない場合には「答弁保留」として後で答弁を行います。

「予算」と「決算」は、自治体活動の根幹にかかわるものであり、各事業に予算をどう配分し、どう使ったか（決算）を説明する責任（アカウンタビリティ）を果たすことが、議会答弁の基本です。そこで、管理職としては、まずは担当している各事業の予算額・決算額を把握し、それらの数字の算出根拠を理解しておくことが必要です。

例えば、太陽光発電設備導入補助の予算額が二〇〇〇万円だとします。その積算根拠は、想定補助件数が年間一〇〇件、一件の補助金額が設備規模に応じて一キロワットあたり五万円、補助金の上限額が二〇万円とした場合、一〇〇件×二〇万円となります。また、その決算額が一三五〇万円で、補助金の交付実績件数が九〇件だったとすれば、一三五〇万円÷九〇件で、平均的な補助金額は一五万円となります。このあたりの基本的な数字を把握した上で、答弁を行いましょう。

## ◎具体的な数字を使って答弁する

議会答弁において、どの程度具体的かつ詳細な数字を示すかは、議員の質問の内容など、状況によって異なります。議会答弁ですから、細かい内容を説明するというよりも、議員に答弁内容を理解してもらうことが大切です。そのあたりはバランス感覚が必要ですが、「具体的な数字を示す」ことで、答弁に客観性と説得力を持たせることができます。

前出の太陽光発電設備導入補助について、現時点での実績を聞かれたとします。補助実績については、できるかぎり直近データを把握し、具体的な数字を使って答弁をします。基本的な数字や直近データを把握していないと、「概ね昨年並みです」とだけ答えることになり、「昨年並みとは、具体的にどういうことなのか」と質問されてしまいます。

基本的な数字を把握していれば、「昨年度の補助金交付実績は九〇件でした。今年度は九月末現在で四八件と、概ね昨年度並みです」と答えることができます。ここで数字を把握していないと、答弁保留となってしまいます。答弁保留は議員に「準備不足」という印象を与えてしまう可能性があります。あまり神経質になる必要はありませんが、基本的な数字は事前に把握しておくように心がけましょう。

POINT

**数字は、答弁に客観性と説得力を持たせるために不可欠。**

4

# 議事録の存在を意識しよう

## ◎過去の議事録を読む

公務員には異動がつきものです。

管理職ともなれば、三年周期くらいで異動します。異動先が、管理職になる以前に経験がない部署という場合もよくあります。たとえ経験があったとしても、時間の経過がある上に、管理職の立場で議員のさまざまな質問に答えるのは決して容易ではありません。

そこで、さまざまな資料をひも解いて勉強をすることになりますが、過去の議会の議事録も大変参考になります。

まずは、ここ二〜三年の議事録の中から、担当所管事項に関して議論されている部分を探し、該当部分を読んでおくとよいでしょう。議員がこれまでどのようなことを質問していたのか、それに対して前任者がどのように答弁していたのかを知ることができます。議事録を読んでから資料で勉強を行うことによって、メリハリの効いた議会答弁の準備ができます。

ただ、議事録はあくまで過去のものなので、新たに話題となっている事柄や、状況の変化によって、行政側の見解も変化していることがあります。このような点については、上司や職員等としっかり検討し、時宜にあった答弁を用意しておくことが大切です。

## ◎議事録の存在を意識し、責任ある答弁をする

議事録を読んで気が付くことは、議会答弁は話し言葉なので、繰り返し、つなぎ言葉が多くなり、表現や論旨があいまいになりやすいことです。また、検討不十分な事項等を質問されたときは、どうしても「今後検討します」と答弁することが多くなります。

いずれにしても、議会答弁はその場で終わりではなく、議事録という形で残ります。後の議会で「以前の答弁では○○と言っているが、これはどういう意味なのか」「今後検討すると言ったが、どのような検討を行ったのか」などという形で、議員の質問のネタにされかねません。

したがって、議会答弁は議事録という形で残ることを意識して行う必要があります。

つまり、想定外のことを質問されたとしても、慌てずに一呼吸入れてから、答えられる

範囲で丁寧に答弁を行うようにします。議員は住民の代表なのですから、どんな質問をされてもぶっきらぼうな答弁はせずに、わからないことについては確認、調査、研究するなど状況に合わせて前向きに答弁しましょう。

ぶっきらぼうな答弁やあいまいな表現もしっかり議事録に記録されますので、後で恥ずかしい思いをしたり、答弁の意味・内容を質されないように、丁寧かつわかりやすく答弁するよう心がけましょう。

また、質問されたことに答えればよく、余計なことは言わないのが原則です。つい内容を詳しく説明したり、関連事項に言及したくなりますが、答弁が冗長になるだけです。

丁寧な答弁は歓迎されますが、冗長な答弁は嫌がられます。答弁は簡潔明瞭に行うのが基本です。

POINT

**答弁は形に残るもの。丁寧にわかりやすく答える。**

# 5 想定問答を必ず作成しておこう

## ◎必ず、想定質問を考える

議会に議案を提案し、また、常任委員会に事業報告を行う場合には、議員から質問が出ます。それが重要案件であれば、与野党から多くの質問が出ることが予想されます。

これに適切に対応するには、想定質問をできるだけ多く考えて、答弁案を用意しておく必要があります。何事も「備えあれば、憂いなし」です。

本会議での議員からの質問は、通常、事前通告が行われます。しかし、常任委員会や特別委員会では、事前通告がないのが普通です。ただ、予算や決算の特別委員会では、お互いの話をかみ合わせるために、議員によっては事前に、「○○について聞くから、よろしく」と予告をしてくれる場合もあります。ただ、直前の予告になる場合が多いので、予告の有無にかかわらず、議案や報告、課題案件などについて、質問を想定しておくことは必須といえます。

さて、想定質問を考えるにあたっては、当該案件の基本事項・基礎情報を確認しながら進めます。事業目的、事業内容、目標値、実績、予算・決算額、実施体制などの基礎情報を確認する過程で、必然的に質問が浮かんできます。

例えば、ここ三年ほど事業実績が下がっているとすれば、「その理由は何か、対策として何が考えられるか」など、自分が疑問に思うことは議員も疑問に思っているはずです。

また、直近数年分の議事録を確認し、当該案件に関する質疑状況から想定質問を考えておくことも必要です。質問したい課題や問題意識は、通常、そう大きく変化するものではありません。

POINT

**備えあれば憂いなし。事前準備を怠るなかれ。**

## 6 議員の本音を引き出し、「落としどころ」をつかもう

### ◎議員の顔を立てる

議員は、選挙によって選ばれた住民代表ですから、議会活動を通じて住民の声を行政施策へ反映させようとします。そのような活動が自分の支持者を増やすことにつながり、自分の考える政策の実現につながっていくからです。

住民の声にもいろいろとあって、必ずしも合理的でない、きわめて個人的な意見などもあります。議員としては、たとえ合理的でない意見であっても、一旦は受け止めなければなりません。状況や場合にもよりますが、その意見を行政に伝えなければならないケースもよくあります。

例えば、空き地（私有地）に放擲されたゴミの回収を、近隣住民から議員が要望された

とします。このような場合、通常、議員は担当部署に住民からの要望を伝えます。しかし、行政としては、私有地内のゴミは当該土地所有者の管理下にあり、たとえゴミといえども所有権の問題もあるので、回収することはできません。

このことを議員に説明すると、概ね理解してくれますが、議員としても「はい、そうですか」と言うわけにもいきません。そこで、行政の権限の範囲内で議員の顔を立てる方法としては、当該土地所有者に対して、ゴミを片づけるよう指導するということになります。このあたりが、いわゆる「落としどころ」だろう、と考えられます。

## ◎「落としどころ」をつかんで答弁をする

議員の質問や要望に対しては、行政の権限や対応できることを説明し、議員の理解を得ながら、議員の顔が立つ方策を提示していくことが大切です。

住民の声を背景として議員が質問や要望をしている場合には、法令を杓子定規に当てはめて「できません」と言うだけでは事はうまく運びません。行政には、何らかの対応が求められます。

確かに、行政としては「できないものはできない」とはっきり伝えることも必要です。しかし、日頃から住民生活と密接に関わり合っている基礎自治体としては、住民意見に一定の合理性が認められるならば、法令解釈だけにとらわれない、いわば妥協策のようなものを見つける努力が求められているのです。この妥協策が「落としどころ」であり、これを意識して答弁を行うようにします。

たとえ何の妥協策も見つからなかった場合でも、行政側が関係者と調整しながら妥協策を見つける努力をしたということに対して、住民の納得までは得られなくても、一定の理解は得られるのではないでしょうか。最後の砦は、この真摯な努力です。何の妥協策も見つからない場合には、この努力する姿勢を「落としどころ」として、答弁するしかないと思います。

ただし、どう考えても無理難題な案件を議員から持ち込まれたときは、はっきり「NO」と言うべきです。そのような場合には、誰もが行政側の対応の正当性を認めてくれるはずだからです。

POINT

**妥協策を探し、難しいときも真摯に努力の姿勢を見せる。**

# 7 議案説明は文章にしておこう

## ◎議案説明、二つの方法

議会に議案が上程されると、提案者による議案の説明が求められます。議案及び提案理由は全員協議会で理事者側（首長等）が読み上げます。そして、通常、議長が各常任委員会へ議案の審査を付託するため、議案の説明は担当所管の部課長が各常任委員会で行います。

議案説明の方法としては、あらかじめ説明文を用意する方法と、用意しない方法があります。用意しない場合は、議案に多少のメモなどをして、説明すべきポイントを押さえて説明します。この方法だと話し言葉で説明するため臨場感は出ますが、同じ言葉を何度も使ったり、重要部分の説明が不十分であったり、余計な説明をしてしまったりする場合もあります。

一方、説明文を用意する場合には、説明文を作成する過程で、必然的に議案の内容を再確認し、疑問点については担当者に内容を確認して、説明文を検証することができます。また、「簡にして要を得た」説明となり、言葉も不必要な重複がなく、議事録になってからも内容がきちんとしたものになっています。

## ◎議案説明は、あらかじめ文章にしておく

したがって、通常は、議案の説明にあたっては、あらかじめ説明のための文章（説明文）を作成しておいた方が好ましいでしょう。

説明文は、自分で作る場合と職員に作ってもらう場合とがありますが、いずれの場合でも、議案の説明文を作る過程で内容の検証を行うことによって、今まで大枠で理解していた内容をディテールの理解へと進めることができます。こうしておくと、議員からの質問に対してもより具体的に答えることができるようになります。

ただし、いくら説明文が作ってあるからといっても、早口でスラスラ読むのではなく、普通の話し方で、ややゆっくりめに読み上げる方がよいでしょう。読み上げ方も、できれば話すように、上手に読んでいきます。せっかく説明文を用意しても、棒読みだと議員も形式的に聞くだけで、十分には理解してもらえないからです。

また、読み上げ中に議員から「簡略に！」という声が上がることがあります。

これは、「議案は議員には事前に配布されているのだから、理事者側の説明はできるだけ簡略にして、実質的な質疑に時間を割くべきだ」という趣旨と捉えることができます。このような声は、主に経験豊富で老練な議員から、時折発せられることがあります。説明文を作っておくと、このような「声」も想定して、省略できる部分をあらかじめ決めておく（アンダーラインを引いておくなど）こともできます。

つまり、議案説明は、「聞いている議員がよく理解できるように説明する」ことが、とても大切なことなのです。

POINT

**議案説明は文章にした上で、ややゆっくりめに読む。**

# 8

# 過去の答弁を調べておこう

## ◎過去二年分は目を通す

管理職になったばかりの頃、議会で「何を聞かれるのか」と不安なものでした（今は不安でない、というわけではないのですが……）。

初めての常任委員会で担当課の事業説明を行い、議員から想定外のさまざまな質問を受け、ベテラン係長の助けを借りながら、何とか答弁しました。新任の課長に対し、議員もきっと愛の鞭を与えたのでしょう。

そのときに気づいたのは、担当所管事業に関してはよく勉強したつもりでしたが、議員は事業の内容を質問するというよりは、その効果や問題点を聞いてくるということです。考えてみれば当たり前のことですが、新任当初の委員会ではそこまで手が回りませんでした。でも、できれば過去二年分くらいの委員会質疑に目を通しておくべきだったと思います。そうすれば、課題や前任課長の答弁の内容を知ることができたからです。

一見新しい課題であっても、過去の答弁を調べると、過去にも似たような課題が生じていて、同じような質問をされていることが多いものです。

当初は「想定外」だと思っていた質問でも、実は過去にも質問されていたということはよくあります。また、異なる課題であっても、「答弁を行う視点」は共通しています。過去の答弁を調べることで、議員からの質問に対して、答弁を行う視点を学ぶことができるので、質問に対して何とかストライクゾーン内の答弁が可能となります。

## ◎当然、答弁の視点は「今」です

このように、過去の答弁を調べておくことはとても大切であり、矛盾しないようにその延長線上で答弁を行うべきです。

とはいっても、延長線上で答えるということは、同じ答弁をするということではありません。自治体を取り巻く環境は時々刻々と変化しています。社会環境の変化や国の方針の変更などの影響を無視するわけにはいきません。確かに、地方分権が進展する中で、自治体は自主自立の精神で事業への取組みを進めるべきですが、国等の動きをふまえた上で、我が自治体としての取組み方針を決定しなければならないのです。

定例議会での代表質問等の内容を把握し、常任委員会や予算特別委員会等でどんな質問があったか、それに前任者がどのように答弁していたのかについて、議事録を見ておくことが必要です。議事録からは、答弁の視点と多くの知識を学ぶことができます。自分で「質問と、それに対する答弁のメモ」を作っておきましょう。

このように過去の答弁を調べる中で、今後の事業の方針を係長と検討し、上司に確認しておきます。また、知らない用語や事柄が出てきたら、自ら調べるとともに、担当職員に確認する必要があります。

過去の答弁は、いわば基礎知識です。これを土台として、我々は「今後の方針を、今、答弁する」のです。

POINT

**過去の答弁から基礎知識を得て、現在の視点で答弁する。**

第6章

# 議会の基本的なしくみ

# 1 議会の組織構成を把握しよう

## ◎議会の構成

いわゆる二元代表制のもとでは「執行機関（首長等）」と「議事機関（議会）」が車の両輪となって住民のために仕事をしています。

議会に関しては、日本国憲法九三条一項において、「地方公共団体には、法律の定めるところにより、その議事機関として議会を設置する」と規定されています。

議会は、住民を代表する公選の議員により構成される合議制の意思決定機関で、執行機関（首長等）とは、互いに独立して権限を侵さず、対等の立場で自治体ガバナンスを担う地位にあります。

議会は、独任制の首長と異なり合議制の機関です。そこで、対外的に議会を代表する機関（代表権）として、「議長」が議員の選挙により選ばれています。

議長には、議場の秩序保持、議事の整理、議会事務を統理するなど、議会運営上の重要権限があります（地方自治法一〇四条。以下、法＝地方自治法）。議長に事故（旅行、病気等）があるとき、又は欠けたとき（辞職、死亡等）には、「副議長」が議長の職務を行います（法一〇六条一項）。

## ◎議会における会議体

議会には、本会議、委員会、その他の会議、審査会などがあります。

本会議には、定例会、臨時会があり、定例会は付議事件の有無にかかわらず、一般的に年四回定例的に開催されます。臨時会は、必要がある場合、特定の事件にかぎり、これを審議するために開かれます。

議会の招集は、首長が行いますが、議長から、もしくは議員の四分の一以上の者から、首長に対して臨時会の招集を請求できます。首長は、この開催請求があったときは、二〇日以内に臨時会を招集しなければなりません（法一〇一条）。

議会の主要な委員会には、常任委員会、議会運営委員会、特別委員会があります。

常任委員会は、議会の条例で設置しますが、関連担当部局を取りまとめて、例えば総務委員会、福祉健康委員会、環境建設委員会、文教委員会など、四つほどの括りで置くことが多いようです。議員は、通常、少なくとも一つの常任委員会に属することになります。議会運営委員会は、議会運営に関する事項、議会の規則、委員会に関する条例等、また、議長の諮問事項など、議会運営に関する事項について審査します（法一〇九条三項）。

特別委員会は条例に基づき、必要があるときに議会の議決により設置します。例えば、防災特別委員会などが想定されます。また、予算や決算の審査のために、二月頃に予算特別委員会、九月頃に決算特別委員会が設置されます。この二つの特別委員会が最も注目される委員会といえます。

その他の会議としては、全員協議会、各派幹事長会、各会派代表者会、委員長会などがあります。

なお、議員の政治倫理審査会（学識経験者、市民、議員で構成）などを設置している自治体もあります。

POINT

**二元代表制の意義、議会に設置されている委員会を把握する。**

# 2 議会の権限・長の権限を知っておこう

## ◎地方自治制度における議会と首長

日本の地方自治制度は、首長制（地方公共団体の長を、住民の公選により議会の議員とは別に選ぶ制度）を採用しています。

首長と議会とは共に住民を代表する機関として対等であり、互いに自己の権限を行使し、牽制し合うことで円滑に地方自治が運営されていくことが期待されています。

実際のところは、首長は、地方公共団体の統括代表権（法一四七条）をはじめ、予算の調整・提案・執行権等を握るなど、現実面において強力な権限を有しています。

このようなことから、地方議会の存在感は薄くなりがちですが、地方分権の進展に伴い、地方公共団体の自主立法権も拡大するなど、条例制定等の立法機能の強化が必要となっています。

また、首長の強力な権限の行使を適切に監視する必要も高まっています。このように、地方分権の実現には、地方議会が適切にその権限を行使していくことが求められていま す。

## ◎議会の権限・首長の権限

日本国憲法九三条は地方議会の議員と自治体の首長を住民が直接選挙で選ぶ二元代表制を定めており、地方自治法でそれぞれの権限が定められています。

まず、議会には立法機関としての権限と、首長の監視機関としての権限があります。

立法機関としての権限には、条例の制定・改廃、予算の議決、決算の認定、重要な財産の取得・処分などを議決する権限（法九六条）があります。これらの議決権は、自治体の意思を決定するために議会に与えられた本質的な権限です。ただし、すべての意思決定ができるわけではなく、地方自治法九六条一項は議決事件として一五項目を制限列挙しています。一方、同法二項では、条例で議決事件を広げることを認めています。

首長の監視機関としての権限には、自治体の事務の管理、議決の執行及び出納を検査し（検査権）、また、監査委員に監査を求め、その結果の報告を請求する権利（監査請求権）があります（法九八条）。さらに、議会が議決権等を自主的に行使できるよう、直接外部と交渉して自らの手で調査する手段として、調査権が設けられています（法一〇〇条）。

その他、首長の議会への出席要求や、不信任議決などの権限があります。

次に、首長は当該地方公共団体を統轄・代表し、その事務を管理・執行する広範な権限を有しています。また、議会の招集、議案の提出、議会の解散、決算を議会の認定に付し、財産を取得・管理・処分するなどの権限を有しています。

なお、議会は予算議決にあたって、予算を増額して議決することはできますが、首長の予算提出権限を侵すことはできません（法九七条二項）。

POINT

**議会には立法機関及び首長の監視機関としての権限がある。**

3

# 議会の議決事項を理解しておこう

## ◎議会は議事機関

議会については、日本国憲法九三条一項に、「地方公共団体には、法律の定めるところにより、その議事機関として議会を設置する」と規定されており、住民が直接選挙する議員で構成される議会を設置することが定められています。

議会には、予算や重要な契約の締結に関する議決権など、行政作用に参与、決定する権能が広く認められ、行政を監視、牽制、統制していくことが期待されています。

## ◎地方議会の議決すべき事項

このように、議会は住民が直接選挙で選んだ議員で構成され、自治体の意思を決定する議事機関として、執行機関の長と並ぶ自治体の最も重要な機関です。

議会の議決権は、地方公共団体の意思決定をするために、議会に与えられた本質的な権限ですが、すべての意思決定をする権限があるわけではありません。地方議会の議決すべき事項については、地方自治法九六条一項一～一五号に制限列挙されているほか、同条二項において、条例で議決事件を追加することができると規定されています。したがって、これら以外の自治体の意思決定は、長その他の執行機関の権限とされているわけです。

議会の議決事件としては、以下のものが列挙されています。

① 条例の制定・改廃
② 予算の議決
③ 決算の認定
④ 地方税の賦課徴収・分担金、使用料等の徴収
⑤ 条例で定める契約の締結
⑥ 財産の交換・出資・支払い手段としての使用・適正な対価なくしての譲渡又は貸付
⑦ 不動産の信託
⑧ 条例で定める財産の取得又は処分
⑨ 負担付の寄附又は贈与を受けること
⑩ 権利の放棄

⑪　条例で定める公の施設を長期かつ独占的に利用させること
⑫　地方公共団体が当事者である審査請求その他の不服申立て・訴えの提起・和解・あっせん・調停・仲裁
⑬　損害賠償額の決定
⑭　区域内の公共的団体等の活動の総合調整
⑮　法律・政令（これらに基づく条例を含む）により議会の権限に属する事項（指定管理者の指定、外部監査契約の締結、地方道路の認定等）

このほか、条例で議会の議決事項を定めることができます。

POINT

**議決事項は、地方自治法九六条に制限列挙されている。**

# 4 議会の年間スケジュールを頭に入れよう

## ◎議会の年間スケジュールの確認

まずは、議会が「現実にどのような動きをするのか」を知っておくことが大切です。一般職員の場合には直接的に議会や議員とかかわることが少ないので、意外に議会の動きを知りません。管理職は議会に出席する機会が増えるため、議会の動きを事前に知っておくことが必要となります。

管理職になりたての頃は、議会のスケジュールや動きをよく知らないために、翻弄されがちです。できれば、平穏裏に議会対応をしていきたいものです。そのためには、議会の動きや年間スケジュールを頭に入れておかなければなりません。これは体に覚えさせる感じです。体で覚えることによって、ＴＰＯに応じた対応ができるようになってきます。

議会の年間スケジュールは、通常、議会のホームページに掲載されていますが、議会事務局からも予定表を入手できます。なお、議会年報を見ると、過去の議決事件や報告案件の確認等ができます。

さて、これで議会の本会議や委員会の日程は知ることができますが、これだけでは足りません。各定例会の質問通告日や全員協議会の日程も必要で、このような細かな実務的な日程は、通常、ホームページには掲載されません。議会事務局に確認しておきましょう。

## ◎一般的な議会の年間スケジュール

議会の年間スケジュールは暦年で示されることが多いと思います。

一般的な自治体の大まかなスケジュールとしては、一月は例月通り常任・特別委員会があり、二月中旬には第一回定例会の準備が始まります。その後は、告示、議会運営委員会、質問通告、全員協議会、答弁調整、本会議（質問と答弁）、予算特別委員会（一〇日間程度）、議会からの付託案件に関する常任・特別委員会、本会議（議案の決議）という流れで、三月の下旬までかかります。

四・五月は例月通り、六月には第二回定例会が開催され、答弁調整等を経て本会議となります。七月も例月通りで、八月は委員会が休み、九月には第三回定例会があり、二月の予算特別委員会と同じような手順で決算特別委員会（一〇日間程度）が行われます。一〇月中旬に本会議があり一一月中旬から一二月上旬にかけては第四回定例会が開催されます。さらに、これに加えて、年に二回ほど臨時会（一日程度）が開かれます。これが一般的な年間スケジュールの概要です。

## ◎年間スケジュールに合わせた事前準備

さて、管理職にとっては、本会議が始まる前の「首長への質問に対する答弁の作成」が一つの山場です。

本会議前に、議員から提出された質問に対する答弁を作成するのですが、そのための答弁調整がかなり大変な仕事となります。答弁調整の仕方にはバリエーションがありますが、一般的には担当の係長が答弁の原案を作成し、これを課長・部長等で検討の上、最終的には首長が確認します。

委員会の前には、議案・報告案件に関する資料を作成し、議会に提出しておきます。また、想定質問も検討し、議員と適切な質疑応答ができるよう準備しておく必要があります。議会対応は自治体管理職の重要な仕事の一つであり、このような準備を適切に行うためにも、議会の年間スケジュールを頭に入れておくことはとても大切です。

以上の説明は、これまでの「定例会」をベースとする議会の開催の仕方です。平成二四年の地方自治法の改正により「通年の会期」の考え方が導入されました。これは既存制度の運用で実現されてきた「通年議会」を正面から認め、法律上の制度として創設したものです。「通年の会期」とは、定例会、臨時会の区分を設けず、条例で定める日から翌年の当該日の前日までの一年を会期とする制度です。

自治体では、条例で「会期の始期」と「定例日（定例的に会議を開く日。それ以外にも、随時開催は可能）」を定めれば、通年議会が可能となります。

POINT

**議会の年間スケジュールを先取りして事前の準備を進める。**

# 5 会期中のスケジュールを押さえよう

## ◎会期中のスケジュール

議会の会期は、毎会期のはじめに議会の議決で決めます。一般的に、議会の定例会の会期は、予算特別委員会が開催される第一回（二～三月）、決算特別委員会が開催される第三回（九～一〇月）は、概ね三〇日程度です。また、第二回（六月）及び第四回の定例会（一一～一二月）は、概ね一〇日程度です。臨時会の会期は、概ね一日程度です。

ただし、告示以降は「議会運営委員会→質問通告→全員協議会」と議会が実質的に動き始めるため、会期前の準備期間も含めてスケジュールを知っておく必要があります。準備期間中のスケジュールは、各定例会ともに概ね共通です。

会期中のスケジュールとしては、第一回定例会は、初日にまず会期（三〇日程度）を決め、その後に首長の基本方針説明があります。二日目からは各会派の代表質問が始まり、議員個人からの一般質問へと移り、さらに、条例等の議案及び請願・陳情の各所管委員会への付託が行われます。第一回定例会では、特に次年度予算案の予算特別委員会への付託が行われます。その後、予算特別委員会で一〇日間ほど審査を行い、本会議で予算案等の議案を審議の上で決定します（もしも否決されると、予算は不成立となり、新年度の事業執行ができなくなります）。

第二回定例会は、会期決定（一〇日程度）の後に、代表質問に入ります。一般質問まで終えると、条例等の議案の審査を各委員会へ付託します。その結果をふまえて、本会議で審議し決定します。

第三回定例会は、第一回に準じた運営となりますが、特に前年度決算の認定の審査を決算特別委員会に付託します。本会議では、決算特別委員会で認定審査した決算について、認定の審議（たとえ否認されても、決算は成立）を行います。

第四回定例会は、第二回に準じた運営になります。

## ◎会期の進行に合わせた対応

管理職にとっては、むしろ議会開催前の準備期間における情報収集、課題検討、資料の収集整理、そして、代表質問等についての答弁案の作成と調整が重要です。

第一回の予算特別委員会、第三回の決算特別委員会のときには、委員会前の情報収集と課題の整理、自治体としての方針や見解の検討が重要となります。時間がない中で部長や関係部署、首長との調整が必要となってくる場合があります。資料の作成や時間調整を迅速に行いましょう。

POINT

**各定例会の内容を確認し、事前準備を怠りなく、迅速に行う。**

6

# 議長・副議長の役割を熟知しておこう

## ◎議長と副議長の役割

議会は、議長及び副議長を各一名、議員の中から選挙で選びます。それぞれの任期は議員の任期と同じです。

議長は、議会を代表する重要な地位にあり、議場の秩序保持、議事の整理、議会事務の統理を行います。副議長は、議長が出張や病気等で不在（事故）のとき、死亡や辞職等で欠けたときに、議長の代わりに職務を行います。

## ◎議長の権限

議長の権限は地方自治法に定められており、議会の代表者及び事務処理を行う者としての権限と、会議全体をまとめる者としての権限に分けられます。

まず、議会の代表者及び事務処理を行う者としての権限としては、議会を代表する権限、委員会への出席発言権、議会又は議長の処分や裁決に係る当該地方公共団体を被告とする訴訟の代表権、議会の事務の統理権があります。

次に、会議全体をまとめる者としての権限としては、議場の秩序保持権、議事整理権、裁決権があります。議会の議事は、出席議員の過半数で決し、可否同数のときは、議長が決します（裁決権）。このように議長は、裁決権は有しますが、議員として議決に加わる権利（表決権）は有しません。

副議長は、議長がこれらの権限を行使できないとき（出張や病気等）に、議長の代わりに職務を行います。

なお、議長・副議長に事故があるときは、仮議長を選挙で決めますが、仮議長の選任を議長に委任することもできます。

## ◎その他（臨時議長、議長・副議長の辞職）

ところで、議長と副議長、また仮議長を選ぶ選挙を行う場合に、議長の職務を行う者がいないときは、出席議員の最年長の議員が臨時に議長の職務を行います。これを臨時議長といいます。例えば、一般選挙の後の最初の議会において、議長・副議長を選挙する場合や、議長・副議長ともに事故があり、仮議長を選挙する場合などは、議長の職務を行う者がいないので、臨時議長が必要となるのです。

また、議長・副議長が辞職するときは、議会の許可を得て、その職を辞することができます。なお、議員たる身分を辞したときは、議長・副議長でなくなるのは当然のことです。議長・副議長が辞職をしようとする場合、原則として、議会の開会中にその許可を得て辞職することが認められていますが、副議長については、閉会中でも議長の許可を得て辞職することができます。議長には、この方法がないため、閉会中は議長たる職を辞することはできません。ただし、議員たる身分を辞することにより議長の地位を去ることはできます。

では、議長・副議長の辞職が議会で許可されない場合はどうでしょう。議長・副議長は職を辞する方途がありません。どうしても、議長・副議長が会議への出席を固辞する場合は、「事故があるとき」として取り扱われることになります。

POINT

**議長には議会の代表者の権限と会議全体をまとめる権限がある。**

# 7 本会議の仕組みを理解しよう

## ◎本会議の形態と運営

本会議には、定例会と臨時会があります。ただし、通年議会の制度を導入した場合はこのような種別はありませんが、まだ通年議会の導入は一部自治体に止まっていることに鑑み、これまでの制度（平成二四年の地方自治法改正前）に従って説明することにします。

「定例会」は、付議事件の有無にかかわらず、条例で定める回数が召集されます。一般的には年四回定例的に開催され、開催期日は、二月、六月、九月、一一月です。ただし、首長が必要があると認めるときは、開催月の繰上げ、繰下げが可能です。会期は、毎会期のはじめに議会の議決で決め、招集された日から起算します。

「臨時会」は、必要があるときにかぎり、その事件を審議するために開きます。会期は、はじめに議会の議決で決めます。

「会議時間」は、例えば午後一時から五時までと決めておいて、必要に応じて議長が時間変更をすることができる、というような取決めになっています。

## ◎本会議における質問の取扱い

各自治体議会で対応の仕方はさまざまです。以下一例として紹介します。

① 質問の区分けについては、会派を代表する質問「代表質問」（ただし、一人会派もこれに含みます）と、二人以上で構成する会派が議員個人で行う「一般質問」に区分けして整理します。

② 質問の順位は、あらかじめ会派の順番（通常、会派人数の多数順。同数の場合は調整）を決めておき、定例会ごとに順位を繰り上げるなど調整します。

③ 質問の通告期限は、例えば、代表質問の初日の三日前と決めておきます。質問通告というのは、議員が首長に対し、「何について質問するか」を予告するもので、通常は質問の項目を示すものです。

④ 質問通告と同時に、議員から質問要旨（質問内容）を首長に提出してもらいます。要旨の方は、作成の都合上若干遅れて（提出期限は、通告日の翌日の午前中などと決めておきます）提出されることが多いようです。

⑤　質問者及び質問時間は、質問通告日の二日ほど前に報告してもらいます。
⑥　代表質問の答弁者は、原則として首長ですが、教育委員会への質問は教育長が答弁します。また、代表質問の再質問及び一般質問は所管部長も答弁できるものとすることが多いようです。
⑦　質問の時間管理は、原則として質問者が行いますが、議会事務局もフォローします。
⑧　本会議への「質問時間制」の導入。質問時間が決まっていないと予定が立たないため、会議が長時間に及ぶなど弊害が生じていました。そこで、これまでの状況や会派の申し出、会派の人数などに配慮し、質問時間を決める、というような方法がとられるようになってきました。
⑨　議会中継は、多くの自治体で取組みが始まっています。例えば、議会開催日には生中継を行い、その後は見やすいように編集し、録画中継として公開しています。

POINT

**本会議における質問の取扱いを頭に入れておく。**

8

# 委員会の仕組みを理解しよう

## ◎各委員会の名称と所管事項

委員会には、常任委員会、議会運営委員会、特別委員会があります。

まず、常任委員会は、条例により設置されます。自治体によって異なりますが、四～五つ程度設置されます。例えば、「総務市民委員会」として企画部や総務部、市民部等を所管し、「福祉健康委員会」として福祉部、健康部等を所管するなど、条例で各常任委員会の所管事項、委員数の上限（委員数は議決）、委員の任期等を定めます。

次に、議会運営委員会も条例で設置し、委員数などを決めておきます。議会運営委員会では、議会の運営、議会の会議規則、委員会に関する条例等、議長の諮問に関する事項について、調査事項としています。

次に、特別委員会は、設置の必要があると認められるときに、議会の議決で設置します。各自治体の状況により必要に応じて設置されますが、防災関係の委員会などは、多くの自治体で設置されているようです。また、次年度予算を議決する議会（通常、二～三月に開催される第一回定例会）では「予算特別委員会」が、また、前年度決算を認定する議会（通常、九～一〇月に開催される第三回定例会）では「決算特別委員会」が設置されます。

## ◎委員会の構成・運営形態

各委員会の委員は、議長の指名により選任されます（委員数は、議員数や委員会数等により各自治体で異なります）。各委員会には委員長及び副委員長を置きますが、委員会において互選します。委員長は、委員会の議事を整理し、秩序を保持します。委員長に事故があったり、欠けたりしたときは、副委員長が代理します。

委員会の招集は、委員長が行いますが、委員定数の半数以上の者から審査又は調査すべき事件を示して招集の請求があったときは、委員長は招集しなければなりません。委員会の議事は、委員長が進行します。また、委員会の審査案件としては、議案、調査事件、報告、請願・陳情などがあります。

「議案（条例や予算等）」が議長から付託されている場合には、通常、常任委員会を二日間開催し、一日目に理事者側（議員提案の場合は提案している議員）が議案の提案理由を説明し、委員会質疑を行い、二日目に討論・裁決を行います。裁決にあたっては、出席委員の過半数で決し、可否同数の時は委員長が決します。

「調査事件や報告」については、各委員会についてそれぞれ担当する理事者側が案件ごとに説明し、それに対して委員が質問を行います。「何を報告するか」については理事者側に裁量権があります。例年の報告案件、また、住民への影響が大きい、もしくは話題性が高い案件等は、報告している例が多いようです。委員会報告は、通常、報告資料を作成し委員会へ提出して行いますが、例外的に口頭のみによる報告もあり得ます。

「請願・陳情」については、議長から委員会に付託され、採択の可否について審査を行います。審査の過程で理事者に状況説明を求めることがよくあります。理事者側の説明等をふまえて、委員会として採択の可否を判断しますが、多数決の場合と全会一致の場合があります。後者の場合、一致しないときは継続審査、審査未了のいずれにするかを全会一致で決めます。全会一致できない場合は、結果として審査未了となります。

POINT

**各委員会の名称、構成員、所管事項は把握しておく。**

# 9 議会と首長との関係を押さえておこう

## ◎議会と首長との関係

地方議会は地方公共団体の議決機関であり、住民から選ばれた議員で組織されています。また、首長は地方公共団体の執行機関であり、直接住民の選挙によって選ばれます。

このように議会の議員と首長は、それぞれ住民から直接選ばれて、二元代表制を構成しています。このような仕組みの中で、議会と首長には、相互の抑制・均衡を通じて、民意を反映した行政を行うことが期待されています。

地方自治法は、相互の抑制手段として、まず、首長には、議会の招集（法一〇一条）、議案の提出（法一四九条）、再議・再選挙の請求（法一七六条、一七七条）、議会の解散（法一七八条）、専決処分（法一七九条、一八〇条）の権限を与えています。

次に、議会の権限としては、議案の議決（法九六条）、事務監査及び監査委員への事務監査要求（法九八条）、意見書提出（法九九条）、事務調査（法一〇〇条）、長への議会出席要求（法一二一条）、再議の議決（法一七六条、法一七七条）、不信任議決（法一七八条）、専決処分の承認（法一七九条）が規定されています。

このように、首長と議会とは、制度的に相互の均衡抑制が図られていますが、首長と議会の意見が対立してしまった場合には、どのような調整を行うのでしょうか。

## ◎議会と首長の意見が対立した場合

議会が長に対して「不信任議決」を行った場合には、長は「議会を解散」できますが、解散しないかぎり、失職となります（法一七八条一項、二項）。議会による不信任決議の例としては、①県発注の公共事業に関し、競争入札妨害の容疑で県幹部職員が逮捕され、県行政に大きな混乱を引き起こし、県民の信頼を大きく失墜させた事例、②長が合併協議会の離脱を宣言し、議会に相談なく協議会を離脱した事例などがあります。

次に、首長の権限として「専決処分」と「再議」という手法があります。

「専決処分」とは、本来、議会の議決・決定を経なければならない事項について、地方公共団体の長が地方自治法の規定に基づいて、議会の議決・決定に代えて首長自ら処理することです。首長が専決処分をすることができるのは、議会が成立しないとき、会議を開くことができないとき、特に緊急を要するため議会を招集する時間的余裕がないことが明らかであると認めるとき、又は議会が議決すべき事件を議決しないときです（法一七九条）。首長が専決処分を行った場合には、次の議会で報告し、「議会の承認」を求めなければなりません。ただし、議会が軽易なものとして指定し、首長に委任した場合（法一八〇条一項）には、議会の承認を得る必要はなく、単に報告のみすればよいとされています。

ただ、議会の承認が得られない場合でも、首長が行った専決処分の効力には影響がなく、長の政治的責任が残るのみと解釈されています。そうはいうものの、「条例・予算に関する専決処分」を議会が不承認としたときは、首長は必要と認める措置を講じ、議会に報告しなければなりません（法一七九条四項）。

さらに、首長による「再議」という手法について説明します。

① 首長の一般的拒否権（任意的再議）として、議会の議決に異議があるときは、首長は議決日から一〇日以内に、理由を示し再議に付すことができます（法一七六条一項）。再議の結果、条例・予算に関するものは出席議員の三分の二以上、それ以外に関するものは過半数で再び同じ議決がされたときは、その議決は確定します（法一七六条二項、三項）。再議に付されないかぎり（それが通常ですが）、議決された条例・予算等は成立します。

② 首長の特別的拒否権（必要的再議）として、議会の議決・選挙に、権限逸脱・法令

違反があると認めるときには、首長は理由を示して再議に付し又は再選挙を行わせなければなりません（法一七六条四項）。また、義務的経費を削減・減額されたとき、非常災害による応急・復旧の施設や感染症予防のための経費を削減・減額されたときは、再議に付さなければなりません（法一七七条一項一号、二号）。

このように、首長と議会との意見が対立した場合における制度的な調整の手法が地方自治法上設けられています。この制度を適切に運用することで、首長と議会は相互に抑制均衡を図っていかなければなりません。

しかし、現行制度では首長権限が大きなものとなっていることは否定できません。近年、首長の行政運営に対して、議会が「独善的である」と批判を強め、両者の対立が先鋭化する事態が時折生じており、日本における議会のあり方やその権限の強化などが議論されています。

POINT

**議会と首長の意見が対立した場合の調整手法はしっかりと覚える。**

# 10 議会運営委員会の権限と役割をつかもう

## ◎議会運営委員会の設置趣旨

「議会運営委員会」は平成三年の地方自治法改正によって創設されたものです。もともと常任委員会、特別委員会とは別個の、第三の委員会として設置されています。国会における議院運営委員会は常任委員会の一つと位置付けられており（国会法四一条）、この点で国会における「議院運営委員会」とは異なります。

では、なぜ地方議会においては、議会運営委員会という「第三の委員会」として設置したのでしょうか。そもそも地方議会は、与党、野党という区分けがなく、さらには政党や会派の重要性の認識が高くはありませんでした。

それは、地方議会は地域的な事柄を定期的に審議する機関という色彩が強く、会派間、政党間の調整を執り行う議会運営委員会の必要は低いと考えられていたからです。

しかし、実際のところ、地方においても政党政治が浸透し、議会運営が複雑化してきました。そうすると、現実的な対応として事実上の（法的根拠がない）議会運営委員会を設けて、そこで何らかの調整をする必要性が生じたわけです。

ただ、このような便宜的なやり方だと限界が出てきます。例えば、法的な根拠のない事実上の議会運営委員会への出席に関する費用弁償や公務災害の適用の問題などです。このような問題をふまえて、平成三年の法改正が行われました。

その際に、常任委員会としてではなく「第三の委員会」として設置した理由の一つは、当時、常任委員会は自治体の人口により設置数が定められていたからです。もう一つの理由は、現在、議員は常任委員会に複数所属できますが、平成三年当時は、一人一常任委員会という決まりがあったので、議会運営委員会に属してしまうと、地方公共団体の事務に関する他の委員会に関われなくなってしまったからです。

## ◎議会運営委員会の権限と役割

議会運営委員会は、その所管事項を条例や議会の議決で自由に決めることができない（常任委員会や特別委員会とは異なる）特殊な委員会となっています。地方自治法一〇九条三項で、その三つの所管事項が定められています。

それは、①議会の運営に関する事項、②議会の会議規則、委員会に関する条例等に関する事項、③議場の諮問に関する事項です。議会運営委員会の所管事項は、法律によりこの三つに決められており、条例で追加して所管事項を広げることも一切許されません。これが議会運営委員会の特徴といえます。

議会運営委員会は、三つの所管について調査・審査権限を有していますが、それぞれ具体的にはどういうものなのでしょうか。

まず、「議会の運営に関する事項」というのは、具体的にいうと、議席、議事の順序を決めること。また、議員が質問や質疑を行うにあたって、発言順序や発言時間について調整すること。さらに、委員会の構成にかかわる事項を決めることなどです。

次に、「議会の会議規則、委員会に関する条例等に関する事項」について、会議規則、委員会条例は当然ですが、これらに加えて、地方自治法九六条二項に基づき、議決事件を追加する場合なども含まれると考えられます。

例えば、基本構想や基本計画は、現在、議決事件となっていませんが、長期的な視点からまちの将来像を決める大綱である基本構想などは、執行部とともに議会が責任を負う必要があると考えられます。したがって、これらを追加事件として設ける自治体も多いようですが、議会運営委員会で審査等を行うこともできると考えられます。

それ以外にも、議員報酬条例（ただし、首長等特別職の報酬も含まれている条例の場合は、常任委員会の所管事項)、議会事務局設置条例、議会図書館設置条例、地方自治法一八〇条に基づく専決処分も審査、調査事項に含まれます。なお、議員定数が含まれるかについては議論のあるところですが、含めることはできると考えられます。

三つ目は、「議長の諮問に関する事項」で、議長権限に属する事項やそれに密接にかかわる事項について、議長から諮問があった場合です。例えば、会期の決定や議員派遣の承認事項などが、議長から諮問されます。これらについて、議会運営委員会は、審査、調査し、議長へ答申することになります。

POINT

**議会運営委員会には、第三の委員会として三つの所管事項がある。**

# 11 議会事務局の仕事を知っておこう

## ◎議会事務局の設置

地方自治法では、都道府県には議会事務局の設置を義務付け（法一三八条一項）、市町村は条例で議会事務局を置くことができること（同条二項）を規定しています。いずれにしても議会事務局を設置した場合には、事務局長などの職員を配置することになります（同条三項）。

市町村の場合であれば、議会事務局長には部長級を配置し、その下に次長（課長級）を置き、調査や庶務事務を行う係と、本会議などの議事に関する事務を行う係を置くパターンが多いようです。

## ◎議会事務局の仕事

議会事務局の仕事は、議会の裏方的な内容が主となります。議事関係としては、本会議や委員会の準備・会議録作成、議決事件、請願・陳情、議案の立案や審査などがあります。庶務関係としては、各種調査、資料収集、議会の広報、議会図書室、その他庶務事務があります。

以上が議会事務局の仕事の項目ですが、実際にどんなことをやっているのでしょうか。本会議や委員会については、その準備と会議録の作成を行います。まず本会議の準備としては、議案や質問の整理がありますが、これらは通常、執行部門が整理、取りまとめを行い、議会に提出します。事務局としては、これらを事務的にチェックし、議長へ提出するわけです。

委員会も同様で、各委員会担当の主査が取りまとめて委員長へ提出します。その際に、議長や委員長の会議の進行のためのシナリオを作り、議長や委員長に事前に説明し、内容を確認してもらいます。

そして、会議当日の会場の準備、マイクの点検、会議開始から終了までの進捗管理、答弁保留なども含め終了後のフォロー、そして会議録の作成となるわけです。一つひとつが気の抜けない仕事です。

このような、事務局の本務的なものに付随し、議会視察の準備や随行、議会図書館の管理、請願・陳情に関しては、陳情者等への対応と担当所管への連絡などがあります。近年、通年議会を導入した自治体では議会日数の増加などにより、議会事務局の仕事量はさらに増加する傾向にあります。

なお、これまでは議員の言うことを粛々と執り行うイメージの強かった議会事務局ですが、これからは、より積極的な役割を果たしていくことが期待されています。それは、議員に言われたことに対応するだけでなく、住民と議会とをつなぐ役割です。議会事務局は、議員のためだけに仕事をしているのではありません。議会や議員がその役割をしっかり果たし、住民福祉に貢献できるよう、住民に議会の活動をしっかり伝え、住民の視点をふまえた議会活動をサポートしていかなければならないのです。

POINT

**議会事務局は裏方的に議会活動をサポートする存在である。**

12

# 地方議会改革の動向を追っておこう

## ◎地方自治制度の基本構造と課題

日本の地方自治制度は、首長と議会の議員を、住民が直接選挙で選出する「二元代表制」を採用しています（憲法九三条二項）。「執行機関である独任制の長」と「議事機関である合議制の議会」を独立に設置し、相互の抑制・均衡を通じて、政策立案を競いつつ、自治体の運営方針を決定していくことが期待されているのです。

しかし、実際には、条例案のほとんどが首長によって提出されており、議会が政策立案機能を十分に果たしているとは言い難い状況にあります。また、予算や決算を含め、首長が提出する議案の大半はそのまま可決されていることから、議会は事実上の追認機関となっています。

地域の潜在的な力を引き出し、活力を生み出すには、議会が、その政策立案と行政監視の能力を高め、住民の負託により積極的に応えていく必要があります。

## ◎地方自治法の改正による議会改革

地方自治法改正により、平成二三年には、①議会の議員定数の人口段階別の上限が廃止され（法九〇条二項、九一条二項）、また、②法定受託事務についても、原則議会の議決事件として定めることができるとされました（法九六条二項）。

さらに、平成二四年には、①条例で規定すれば、議会に定例会・臨時会の区分を設けず、通年の会期とすること（法一〇二条の二）、②議長等からの臨時会の招集請求に首長が応じないときは、議長が招集すること（法一〇一条第五項・六項）、③委員会に関する規定を簡素化し、委員の選任方法などを条例に委任すること（法一〇九条九項）、④本会議での公聴会の開催、参考人招致（法一一五条の二）ができるとされました。

## ◎自治体議会における自主的改革の進展

このような法改正をふまえて、各地方議会ではそれぞれ改革を進めています。いわゆる通年議会を導入した自治体もありますが、各地方議会にはそれぞれ歴史や慣習があり、改革に対しても考え方が異なります。

各地方議会の改革への取組みは千差万別ですが、これからの議会には、執行部門（首長）に単に意見を言うというスタンスから、自治体のガバナンスを執行部門と共同で担う責任者として、政策立案や行政監視を通じて執行責任の一翼を担うスタンスへの転換が求められています。

POINT

**議会によって改革への取組みは千差万別だが、いずれの議会も政策立案・行政監視能力を高めることが求められている。**

●著者紹介

藤川　潤（ふじかわじゅん・筆名）

関東地方の自治体の管理職。
入庁以来、企画、総務などの管理部門、また、産業、福祉、環境、教育などの事業部門を幅広く経験する。管理職として答弁づくりなどの議会対策に長年かかわってきた。本書の他に、自治体の政策や人材育成に関する著書がある。

これだけは知っておきたい
**公務員の議会対応**

2016年6月23日　初版発行
2024年8月1日　9刷発行

著　者　藤川《ふじかわ》　潤《じゅん》
発行者　佐久間重嘉
発行所　学 陽 書 房
〒102-0072　東京都千代田区飯田橋1-9-3
営業部／電話　03-3261-1111　FAX　03-5211-3300
編集部／電話　03-3261-1112
http://www.gakuyo.co.jp/
振替　00170-4-84240

ブックデザイン／佐藤　博
DTP制作／加藤文明社
印刷・製本／大村紙業


ISBN 978-4-313-18050-5 C2031